U0690525

马尔代夫
MALDIVES

《中国公民出游宝典》编委会　编著

中国公民
出游宝典

测绘出版社

《中国公民出游宝典》编委会

顾　　　问：刘振堂　刘一斌　杨伟国

编委会主任：高锡瑞

编委会成员（排名按姓氏笔画）：

万经章　王雁芬　卢永华　石　武　刘一斌

刘志杰　刘振堂　许昌财　江承宗　李玉成

吴克明　杨伟国　时延春　胡中乐　赵　强

高锡瑞　黄培昭　甄建国　潘正秀　穆　文

人文地理作者：刘一斌

部分资讯提供：马尔代夫旅游推广局

资讯整理：张　霜

总 策 划：赵　强

责任编辑：黄　波

地图编辑：黄　波

责任印制：陈　超

装帧设计：锋尚设计

图片提供：马尔代夫旅游推广局　付永涛

　　　　　苏　姗　微图图片

总　序

当今的中国已成为世界上顶级旅游大国之一，迄今我国已批准了140多个国家和地区为中国公民自费出境旅游的目的地，出境旅游的人数急剧上升，2012年全年已超过8300万人次。这就意味着我国的境外游已达到"升级换代"的阶段。至少对那部分有更高要求的游客，必须有新的旅游产品来满足他们新的需求。

中国地图出版集团旗下，测绘出版社文化生活出版分社组织编写的《中国公民出游宝典》系列丛书生逢其时，丛书由"人文地理"、"旅游资讯"、"地图导览"三部分组成，具有权威、代表、专业和针对性四大特点。这恰恰是面向中高档次的出境游客的一套货真价实的高端旅游丛书。

一、权威性。参与撰写"人文地理"的作者为我国前驻外使节及其他资深外交官。他们长期从事外事工作，不但熟悉驻在国（地）的地理环境、自然风貌，而且深谙当地的文化习俗、风土人情、历史沿革和特质长项。这些作者多为外交笔会成员，有写旅游丛书的经验，行文严谨、准确、细腻，耐人寻味咀嚼。所以，本丛书提的口号是"大使引路，游客追捧、跟着外交官游世界"是恰如其分的。

二、代表性。在世界200多个国家和地区中，精选出十几个国家和地区，其前提是旅游资源十分丰厚。我国开放出国旅游以来，中国游客青睐、向往之地，在人文、地理、自然、物产和良风益俗诸多方面具有独到之处，在地区或世界上颇有知名度，适宜较高品味的旅游享受。

三、专业性。由权威的旅游专家提供合理的旅游实用资讯，丛书配有执笔者与相关驻华旅游局提供的旅游目的地最新照片，进而图文并茂，游客可未到先知，扩大了选择的余地。抵达后"按图索骥"，更会加深美好的印象。特别值得一提的是，测绘出版社作为本丛书的策划者还提供了详实的旅游地图，方便游客的出行。

四、针对性。在我国经济与社会发展到当今的水平，中高档的出国旅游者，远不满足于浮光掠影、走马观花式的普通游览，提高知识性、趣味性、舒适性成为中高档游客的普遍诉求。故本丛书刻意着墨于"景点背后的故事"，以作者的感悟归纳与凝练，尽量做到简洁明快，易记好懂，令旅行者阅后观实景有如穿越时空的隧道，尽享上品的快意与雅趣。

旅游是一部永远读不完的百科全书。洞悉目的地国或地区的方方面面，本身就是对别人的一种尊重与欣赏。而当地人自然也会通过我们这些来自中国的游客，哪怕只是一颦一笑、举手投足，都可窥见中国人及其国家的品位、风貌和素养。坦而言之，出版这套丛书有着双重初衷，既为中高档游客提供更多便利，也为我国游客在国门之外的言行举止称得上"中高档次"而提供帮助。让旅游目的地国在分享"旅游红利"的同时，也通过我们的游客分享我国的成长、进步与文明的果实。

刘振堂*

2013.6

---

*中国资深外交官，中东问题专家，前驻伊朗、黎巴嫩大使

序

作为中华人民共和国首任常驻马尔代夫共和国大使，我于2011年10月抵达马累履新。在我的外交生涯中，能有机会为中马两国源远流长的友好合作关系贡献自己一份微薄的力量，感到无比荣幸。在首都马累近两年的工作生活中，有机会享受那种堪称远离尘嚣、如梦似幻般的"天堂生活"，也算是对这个印度洋岛国有了更全面的体验和感受。

马尔代夫星罗棋布的岛礁，风格迥异的度假村、秀丽旖旎的风光、蓝得透彻的海水、白得剔透的沙滩、闪得耀眼的阳光，以及蓝天白云、椰林树影、斑斓的珊瑚、五彩的热带鱼，都会给每一位游客带来无限的遐想。当地浓郁淳朴的民风、沙滩上的散步嬉戏、海水中的畅游观赏、露天餐厅里的美食品尝、水上别墅和沙滩屋中伴随着浪涛声的休憩，无一不是伊甸园般的生活享受，令人将所有世俗烦恼一扫而光。我相信，作为《中国公民出游宝典》旅游丛书，《马尔代夫》一书的出版，定能为所有计划来马尔代夫旅游的中国公民更多了解这个被誉为"人世间最后一片净土"的美丽岛国有所帮助。利用此机会，我也真诚地提醒大家，凡来马尔代夫旅游，尤其是参加各项水上活动，务必要注意自身安全，万万不可忽视，注意保护当地生态环境，不得采摘践踏珊瑚。做到高兴而来，满意而归，让马尔代夫之旅成为珍藏一生的回忆。

此书作者刘一斌，是我的老学长、老同事。在他多次盛情邀请下，我不得不写了上面这么几句。聊作引言，以应友情之嘱。

余洪耀 （中国驻马尔代夫大使）

癸巳年夏于马累

开篇

马尔代夫，是一个在人们的脑海中几乎与"美"同义的名字。世界上许多美丽的国度之所以无法与之媲美，就是因为马尔代夫之美是自然的美。"美"不仅是马尔代夫的貌，也是马尔代夫的魂。它以美调动着世界游人的欲望，成为吸引各国游客关注与瞻望的焦点。凡到马尔代夫一游的人，无不被那雪白晶莹的沙滩、倒映水中的椰影、五彩斑斓的热带鱼构成的动画景观所征服。人们奉送它无数的动人美称和华丽桂冠，誉其为"印度洋上的翡翠""印度洋上人间最后的乐园""上帝抛洒人间的项链""苍翠的花环""可以触摸的天堂""世界旅游的仙境""人类最后的乐园""梦想的胜景""春色荡漾的伊甸园"等。

"一面之缘，终生难忘。"这几乎是畅游过马尔代夫者逢人便说的一句话。领略马尔代夫的"美"，从飞抵其凌空就开始滋润着人的心境，引领你进入如诗如画的意境，离开这片佳境后会深深植入你的心坎，并日益明晰地沉淀在脑际，永远汇入记忆的海洋，使你与马尔代夫结下永难割舍的情缘。

刘一斌

2013.8

目 录
CONTENTS

PART 1
人文地理

文化大观　　　　　　　　　　022

沉没危机　　　　　　　　　　037

岛国旅游特色　　　　　　　　044

首都马累和阿杜环礁　　　　　050

PART 2

旅游资讯

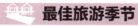

选岛须知 **170**

实用信息 **172**

交通 **175**

饮食 **176**

PART 1

人文地理

基本概况

1. 主要信息速览

(1) 国　　名：马尔代夫共和国(the Republic of Maldives)（1969年4月改为现名）

(2) 面　　积：总面积9万平方公里，陆地面积298平方公里

(3) 人　　口：32万（2010年），人口分布严重不均，大约三分之一居住在马累。

(4) 种　　族：均为马尔代夫族

(5) 语　　言：迪维希（Dhivehi）语为国语，对外交往使用英语

(6) 宗　　教：伊斯兰教为国教，属逊尼派

(7) 首　　都：马累 (Malé)，人口10.8万(2009年)

(8) 独 立 日：7月26日（1965年）

(9) 共和国日：11月11日（1968年）

(10) 国　　花：粉红色玫瑰

(11) 国　　树：椰树

（12）行政区划：除首都马累外全国划分为21个行政环礁区

市、行政环礁区	英文名及简称
北哈尼马杜	North Thiladhunmathi(Haa Alifu Atoll)
南哈尼马杜	South Thiladhunmathi(Haa Dhaalu Atoll)
北米拉杜马杜卢	North Miladhunmadulu(Shaviyani Atoll)
南米拉杜马杜卢	South Miladhunmadulu(Noonu Atoll)
北马洛斯马杜卢	North Maalhosmadulu(Raa Atoll)
南马洛斯马杜卢	South Maalhosmadulu(Baa Atoll)
法迪福卢	Faadhippolhu(Lhaviyani）
马累(卡富）	Male' Kaafu
阿里环礁北支	Ari Atoll Uthuru Gofi(Alifu Alifu Atoll)
阿里环礁南支	Ari Atoll Dhekunu Gofi(Alifu Dhaalu Atoll)
费利杜环礁	Felidhu Atoll(Vaavu Atoll)
穆拉库	Mulakatholhu(Meemu)
北尼兰杜环礁	North Nilandhe Atoll(Faafu Atoll)
南尼兰杜环礁	South Nilandhe Atoll(Dhaalu Atoll)
科卢马杜卢	Kolhumadulu(Thaa Atoll)
哈杜马蒂	Hadhunmathi(Laamu Atoll)
北苏瓦迪瓦环礁	North Huvadhu Atoll(Gaafu Alifu Atoll)
南苏瓦迪瓦环礁	South Huvadhu Atoll(Gaafu Dhaalu Atoll)
福阿穆拉库	Foammulah (Gnyaviyalu)
阿杜市(原为阿杜环礁区)	Addu Atoll(Seenu)

马尔代夫

东经E72°　74°

伊哈万迪富卢环礁

哈尼马杜岛

米拉杜马杜卢环礁

6°

北马洛斯马杜卢环礁　　肯迪科卢岛

南马洛斯马杜卢环礁　　法迪福卢环礁

卡尔迪瓦海峡

马累环礁

马累岛

马累
MALE

4°　阿里环礁　　　　　　　　4°

曼杜岛　　马尔代夫
MALDIVES

费利杜环礁

穆拉库环礁

尼兰杜环礁

科卢马杜卢环礁

冈岛

哈杜马蒂环礁

2°　　　　　　　　　　2°

INDIAN OCEAN

一度半海峡

印度洋

苏瓦迪瓦环礁

尼兰杜环礁
甘岛

马达韦利岛

0°　赤道Equator　　　　0°

赤道海峡

福阿穆拉库岛

阿杜环礁

甘岛

东经E72°　74°

（13）议　会：人民议会为最高立法机构

（14）宪　法：2008年8月通过新宪法，规定马尔代夫为主权独立和领土完整的伊斯兰教总统内阁制国家。立法、行政、司法权分别归属人民议会、总统和法院。

（15）政党团体：2005年6月人民议会通过多党民主制度的议案。在内政部注册的政党有：民主党、人民党、正义党、伊斯兰民主党、社会民主党、国民大会党、共和党、国家联盟、人民联盟、迪维希国家党、减轻贫困党、社会自由党、国家党等。

（16）军　队：1000余人，不分军种，2006年4月定名"马尔代夫国防部队"。

（17）经济贸易：实行小规模开放型经济政策，积极吸收国外资金与援助，旅游业、船运业和渔业是马尔代夫经济的三大支柱。

（18）**资源产业**：海洋资源丰富，鱼种类繁多，盛产金枪鱼、鲣鱼、鲛鱼、龙虾、海参、石斑鱼、鲨鱼、贝壳、海龟和玳瑁以及珊瑚、贝壳等。

（19）**交通运输**：交通便利，设有马累、甘岛两个国际机场，有通往亚洲、欧洲、中东地区以及南部非洲的7条国际航线和11条包机航线；境内无铁路；岛际有船舶和水上飞机；海运方面有250多艘商船。

（20）**文化教育**：实行免费教育，沿袭英国教育制度。

（21）**对外关系**：奉行和平、独立和不结盟的外交政策，重视发展同美国、印度、斯里兰卡、日本及阿拉伯国家的关系；积极参与不结盟运动和南亚区域合作联盟活动，支持建立国际经济新秩序，主张全面裁军和禁止核武器，特别提倡维护小国安全。马尔代夫现已有128个建交国家。

2. 自然地理

马尔代夫是南亚印度洋上的群岛之国，南北长820公里，东西宽130公里，位于斯里兰卡西南部约750公里和印度南部约600公里的海域里。它由26个环礁、1192个珊瑚岛组成，其中199个岛屿有人居住，剩下的岛屿中有97个是旅游度假村，其他的长期荒置无人居住。马尔代夫的岛都很小，

椰林树影，水清沙幼

海岛风光

有定居人口的岛中，只有33个超过1平方公里，不足1平方公里的岛占全国岛屿总数的85%以上，岛屿平均面积为1.2平方公里。马尔代夫地势低平，最高不超过海平面1.8米，平均海拔1.2米。热带气候，无四季之分。年降水量约2143毫米，年平均气温28℃。

马尔代夫群岛海峡很多，横穿全国，著名的有八度海峡和卡尔迪瓦海峡、一度海峡、赤道海峡等。这些海峡都是历史上亚洲通往非洲、阿拉伯地区通商贸易与人员往来的重要通道。优越的地理位置，带给马尔代夫重要的资源，它不仅有丰富的海洋资源和热带动植物，更重要的是带来了取之不尽、用之不竭的旅游资源，成为全世界瞩目的风光宝地。

3. 环礁天成的地质

马尔代夫是世界上最大的珊瑚岛国，是珊瑚最丰富的海域之一，属世界第七大暗礁，总面积占全世界暗礁的5%。它由无数珊瑚环礁形成，并被一个个的礁岛湖分隔。环状珊瑚礁有不同的暗礁结构。珊瑚礁岛是分布在海洋较浅地方的一种石灰

海洋生物

石（碳酸钙）堆积物，是由海洋中能分泌碳酸钙的多种动、植物在生长过程中形成的。这类动植物，人们常称它们为"造礁生物"。现代海洋中的蓝色、蓝绿色、红色海藻，在形成珊瑚礁中起到了重要作用，但起主导作用的是珊瑚虫。珊瑚虫是海洋中的一种腔肠动物，能捕食海洋里细小的浮游生物。在生长过程中能吸收海水中的钙和二氧化碳，然后分泌出碳酸钙，变为自生的外壳。珊瑚虫只有米粒大小，群群聚居、代代繁衍，新陈代谢，分泌碳酸钙，黏合成体。这些物质经过压实、石化，形

深水鱼群

红色海藻

美丽的环礁群

成热带海洋的许多岛屿和礁石。马尔代夫几乎全部领土都是由小小的珊瑚虫经过千万年生殖繁衍和作用垒造起来的。所以人们称珊瑚虫是海洋上伟大的建筑师。

现代海洋中的珊瑚礁，有暗礁、堡礁、环礁三种类型。马尔代夫属于环礁类型。它不是围着陆地或在接近陆地的海洋里生长，而是在大洋中形成一个珊瑚岛礁群。发育完整的环礁，由四周的礁环、中间的潟湖和潟湖里的几个珊瑚岛组成。环礁

群大小不一，形状各异，直径从几公里到几十公里不等，如果从高空望下，像碧海中的圈圈花环，像串串珍珠项链，绚丽多彩、璀璨夺目。涨潮时礁石淹没在水下，透过清澈的海水，人们能见到隐伏在水下的珊瑚礁轮廓。由于礁石潜隐处水浅，海浪到这里会产生破碎的浪花，从高空看去形成银白色的圆环。

4. 民族探源

马尔代夫人自称迪维希人，是多种族的融合。其民族的起源充满了神秘的色彩，原住民的来源已经不可考。据说，4000年前就有一些雅利安（Aryan）人从印度河流域的罗索尔（Lothal）出发，划着芦苇船来到了这里。从历史古物考证中也得知，数千年前已有住民在各岛上活动。最新的考古发现已证实，从印度和斯里兰卡来的雅利安人在公元前1500年之前就已经定居在马尔代夫了。

马尔代夫自古即是航海家往来于东西方的中转站，是阿拉伯半岛、中国和印度的繁忙贸易路线中的经停点。这种广泛的贸易往来和种族交往，特别是外族人在马尔代夫的滞留与定居，很可能使早期移民沿着海上丝绸之路，跟随航行于东非与亚洲间的航海家，来到马尔代夫。这直接影响到马尔代夫族群的形成与繁衍。其后陆续来此的有印度人、僧伽罗人、达罗毗荼人、阿拉伯人和非洲人的混血后裔，也有腓尼基人、埃及人、中国人、希腊人、罗马人。从人种学看，马尔代夫人完美地融合了阿拉伯、非洲以及亚洲人的优美容貌。现在的马尔代夫人的肤色多种多样，也可印证马尔代夫民族来源的多种性。在长期的共同生活中，各种族完全同化，成为今天单一的马尔代夫族。

据考证，移居马尔代夫最早的民族，最早为僧伽罗人，之后依次是印度的古老民族达罗毗荼人、阿拉伯人、非洲黑人。尽管他们早已融为统一的马尔代夫族，但从他们的体貌特征、

岛上的孩子

生活习惯、行为方式、居住地区、常用语汇以及族群联系的疏密等，仍然依稀可辨。在北部环礁各岛主要居住着达罗毗荼人的后裔，中部环礁各岛居民多为阿拉伯人和马来亚人的后裔，南部环礁各岛则居住着僧伽罗人的后裔。

5. 宗教皈依

约公元前2000年，马尔代夫居住着一个名为"雷丁"（Redin）的神秘种族。他们崇拜太阳，建造了大型寺庙，而且留下了与古代印度河文明相似的头像和文稿。1982年，挪威古人类学家兼探险家在马尔代夫最南端的一个岛上发现了太阳神庙的遗迹，庙宇修建在装饰有太阳神浮雕的平台上。人们从马累的古代遗址中还挖掘出了古时候祭神的神像。这些表明马尔代夫古代人信奉太阳神和自然神。

12世纪以前，马尔代夫先后信奉印度教和佛教。通过对马累环礁岛上佛教庙宇废墟的考证，庙宇建于公元3—4世纪。据此推断，大约在公元3世纪以后，佛教就已由斯里兰卡和印度移民传入马尔代夫。

1030年，伊斯兰教学者到马尔代夫传教。1153年阿拉伯传

马累市穆斯林民众星期五的祈祷

教者来到马尔代夫，经过一番努力，终于使马尔代夫国王皈依伊斯兰教。从此，伊斯兰教就成为马尔代夫的国教，也成了他们生活的中心。儿童从幼年就接受家庭和学校教授的宗教思想，伊斯兰教是学校教育课程的一部分。目前全国上下没有异教徒。

在马尔代夫，清真寺遍布全国，大部分有人定居的岛上，都有几座清真寺，首都马累就有35座。据不完全统计，马尔代夫全国清真寺总计达900座，其中724座清真寺，266座妇女清真寺。

6. 多元语言

马尔代夫的国语是迪维希(Dhivehi)语，同时通用英语。此外，社会上也流行阿拉伯语、印地语、乌尔都语。据考证，迪维希语是一种以前印第安部落使用的语言，也有研究人员说，它是僧伽罗语的一种古代形式，来源于梵语，是僧伽罗语、泰米尔语、乌尔都语、波斯语、阿拉伯语等多种语言相互融合的变异语言，属印欧语系的印度语族，颇具异国格调。1153年伊斯兰教传入后所使用的阿拉伯语，和近代引入的英语，对迪维希语的影响很大。特别是在20世纪60年代早期，英语作为国际交往工具和一种教育媒介而被应用之后，影响尤为重大。因地理偏远、交通不便、缺乏大众媒体、邻国影响、佛教影响、社会变革影响等，迪维希语在语音、语调和常用语汇上多有差别，归纳起来有三种方言，最南部环礁所使用的方言尤为不同。

迪维希语的书写体被称为"塔纳"(Thaana)，是在16世纪马尔代夫刚刚从葡萄牙殖民统治下解放后发明的。"塔纳"不同于先前的书写体，它是从右往左书写的，读写都和英、法、汉等世界绝大多数的通行文种相反。这一发明是为了适应在迪维希语中广泛使用的阿拉伯语。"塔纳"字母表中有24个辅音字母和11个元音字母。

# 马尔代夫的历史

1. 历史溯源

人文地理

马尔代夫的名字起始于公元150年，泛指位于锡兰西岸的岛屿。"马尔代夫"（Maldives）一词，来自古代印度语——桑斯克里特语"Malodheep"，意为"以岛屿缀成的花环"，在迪维希语中则是"岛屿王国"之意。

据当地传说，马尔代夫的第一位苏丹本来是一位叫考马拉（Koimala）的僧伽罗族王子。他与其妻流落到马尔代夫定居。这大概就是关于僧伽罗人早期来马尔代夫的口头记载。

根据官方的历史记载，马尔代夫起源于12世纪，但从一些旅行记述和文学作品及考古文书中却发现，马尔代夫的历史可追溯到先伊斯兰教时代。文献第一次提到"马尔代夫"是在公元2世纪希腊天文学家、数学家和地理学家托勒密（Ptolemy）的著作中，他在书中提到的斯里兰卡西面1378个小岛的地方，指的就是马尔代夫。自那时起，许多航海家不断提及马尔代夫。公元9世纪的波斯商人Suleiman曾横跨印度洋，他写道："在这个名为Herkend的洋面上有将近1900个岛屿，统治者是一个女人，财富不可记数。"

中国元朝旅行家汪大渊曾访问过北溜国，即现在的马累（Male）。在明朝文献中，马尔代夫被称为溜山国。永乐年间郑和下西洋，曾两度到过溜山国，随郑和下西洋担任翻译官的马欢在其著作的《瀛涯胜览》就有记述。马尔代夫人还曾跟随郑和的远洋航队在1433年到达东非。明朝时，中国人熟知了这些岛屿，称这里为"伏在水下的山脉"，并记载了这里的气候、地理和风土人情。可见，马尔代夫曾是那些远洋出海的伟大探险家们的中转站。

2. 历史沿革

公元前5世纪，南亚次大陆的居民雅利安人来到马尔代夫群岛定居，佛教随之传来，他们在那里建造佛教庙宇和浮屠，塑造佛像。公元7世纪以后，阿拉伯商人来到马尔代夫群岛，马尔代夫成为印度洋商业活动的要塞，从而与伊斯兰国家的接触日益频繁。1030年伊斯兰教贤者比鲁尼来到马尔代夫，伊斯兰教逐渐在马尔代夫群岛盛行。1116年，国王达鲁马范塔·拉斯盖法努·布拉戈切斯蒂沃戈皈依伊斯兰教，从此，伊斯兰教取代佛教而成为马尔代夫的国教，马尔代夫建立苏丹国。马尔代夫前后历经六个苏丹王朝，即蒂穆格王朝（1153—1388年）、希拉利王朝（1388—1573年）、乌蒂姆王朝（1573—1701年）、

捕鱼

马尔代夫国旗

伊斯杜王朝（1701—1704年）、迪亚米吉利王朝（1704—1759年）、胡拉王朝（1759—1968年），先后有90多位苏丹和苏丹女王即位。苏丹利用伊斯兰教的教义，集全部权力于一身。他们在马尔代夫先后建成华丽的苏丹宫殿、庄严的清真寺和其他伊斯兰教建筑。

15世纪中叶以后，印度坎瑙努拉·阿里王公控制马尔代夫。15世纪末，葡萄牙人对马尔代夫的子安贝壳（一度成为通行货币）和龙涎香（一种重要的制香原料）垂涎欲滴，开始图谋入侵马尔代夫。1513年，葡萄牙人趁马尔代夫王室内讧进行干涉，获得在马累屯兵筑垒权力。马尔代夫人民奋起反抗，1518年一举消灭葡军，首次义举大胜。1552年葡舰队卷土重来，又遭反抗，未能得逞。

1558年葡萄牙第三次进攻马尔代夫，占领马累城，刚就位的苏丹阿里四世率众反抗，壮烈牺牲，被尊为"阿里烈士"。自此，马尔代夫沦为殖民地，由葡萄牙驻印度果阿的总督兼管，长达15年半之久，成为马尔代夫历史上最黑暗的时期。1573年穆罕默德·博杜·塔库鲁法努领导人民起义，光复祖国，成立马尔代夫苏丹国。

1645年，在锡兰（斯里兰卡）岛的荷兰殖民者宣布马尔代夫属于其势力范围。1662年荷兰步步紧逼，施加种种干涉，企图迫马就范，遭到马尔代夫坚决抗拒，图谋未逞。1752年，印度坎瑙努拉·阿里王公的军队侵占马累岛。马尔代夫苏丹向法国在印度的驻军司令求援。法国乘机入侵马尔代夫。1753年，法国逼马尔代夫签约，允许法国在马尔代夫驻军。数月后，马累岛居民起而反对，迫使法国驻军撤离。

18世纪末至19世纪初，英国商船和兵舰多次到达马尔代夫。19世纪30年代，英国利用马尔代夫上层贵族的内讧，控制了马尔代夫。1887年12月16日，英国锡兰殖民地的省长与马尔代夫苏丹签订条约，马沦为英国的保护国，接受英国的军事保护。马尔代夫承认英国为其宗主国，外交事务必须通过锡兰省长，同时也成为英国在印度洋的军事基地。马尔代夫每年要向英国上交贡税。

第一次世界大战后，马尔代夫人民要求摆脱殖民统治的斗争日益高涨。1932年，苏丹穆罕默德·沙姆斯·阿德·丁三世批准第一部宪法，改行君主立宪政体。1934年英国正式承认马尔代夫的独立，但仍在外交、国防和内政各方面进行控制。

1942年，英国利用第二次世界大战（二战）形势，在马尔代夫阿杜环礁的甘岛强迫迁民，建立了海军基地。

1948年，英国同马尔代夫签约，规定马尔代夫继续受英国保护，英放弃干涉马尔代夫内政的特权。1952年，马尔代夫人民推翻苏丹阿卜杜尔·马吉德·戴狄的统治，宣布成立共和国，阿明·戴狄出任总统。1952年1月，英国承认马尔代夫为英联邦内的共和国。此后，英国殖民者与马尔代夫保守势力相勾结，使国民议会罢免了总统，废除共和国制度的法律。1954年重新宣布马尔代夫为苏丹国，恢复君主立宪制。1957年，英国在最南端的战略要地阿杜环礁建立英国皇家空军基地，19年后，因开支太大，英国政府决定取消基地。

1958年2月起，以易卜拉欣·纳西尔为首相的马尔代夫政府开始同英国谈判独立和撤除军事基地问题，英国拒绝马尔代夫的独立要求。英国军队登陆甘岛，并且策动叛乱，唆使分裂主义者阿卜杜勒·阿菲夫宣布成立苏瓦代瓦联合共和国。1960年马尔代夫政府被迫让步，将阿杜环礁租借给英国，为期30年

（从1956年算起）。1963年马尔代夫参加科伦坡计划，开始独立进行外交活动。1965年7月26日，英国与马尔代夫在科伦坡签订协议，承认马尔代夫的完全独立，马尔代夫加入了联合国。该日被定为马尔代夫的国庆日。1965年独立以后，苏丹继续执政，直到三年之后皇室被废。1968年11月11日，共和政府正式取代苏丹制，并改名马尔代夫共和国。

3. 历史人物

马尔代夫在历史上遭受侵略、占领的屈辱史，也是马尔代夫人民英勇斗争的光荣史。在历史性的斗争中，涌现出多位民族英雄。其中最突出的有两人：

阿里·拉萨格法努(Ali Rasgefaanu)是一名勇敢坚强的斗士，后成为希拉利王朝的苏丹，被称为阿里四世（Sultan Ali IV）。他登基两个月就遭葡萄牙远征军的攻打，便亲自率军御敌。由于力量悬殊，寡不敌众，交战不久，全军溃败，最后只剩自己、总理和仆童三人，仍继续战斗，血战到底，倒在敌人的枪口下。他被誉称"阿里烈士""最伟大的君主"，受到世世代代的尊崇与赞颂。他作为爱国民族英雄和殉教者而死。他的坟墓建在他阵亡的海中，由于马累对土地的开垦，那个地方现在已经没有海水。后来人们把他牺牲的那天定为殉教者日（Martyr's Day），作为一个纪念他的公共假日。

穆罕默德·塔库鲁法努（Mohamed Thakurufaanu）是来自乌蒂姆岛（Utheemu）的一位王子。他和两个兄弟哈桑·塔库鲁法努（Hassan Thakurufaanu）和阿里·塔库鲁法努（Ali Thakurufaanu），与葡萄牙殖民者进行了长达八年的游击战。他们与葡萄牙人斗智斗勇，夜晚登陆突袭，黎明乘船撤离。1573年7月1日，他和战友带领军队杀进马累，用火枪打死了葡萄牙殖民者的领导安德里亚斯·安德烈（Andreas Andre，当地人称他为 Andiri Andirin），重新收复了马累。穆罕默德·

塔库鲁法努抗击葡萄牙侵略者功绩卓著，被拥立为苏丹，改称噶泽·穆罕默德·塔库鲁法努·阿里·奥扎姆(Ghazee Muhanmed Ali Auzam)苏丹，并建立了一个持续了128年的王朝——乌蒂姆王朝（1573—1701年）。他在位12年6个月，实施了一些改革，建立了一支训练有素的常备军，铸造并发行了统一货币，发展对外贸易，恢复伊斯兰教信仰，为社会的发展进步做出了巨大贡献。

4. 中马关系的历史渊缘

中国和马尔代夫往来始于15世纪初。据史料记载，中国明朝杰出的航海家郑和率领船队，先后于1412年和1430年，两次到达马尔代夫。郑和的结好通商，为马尔代夫了解中国、建立对中国的友好关系打下了基础。马尔代夫当时的国王尤素福也三派使臣来明朝回访。当时交通工具落后，中、马两国人民不顾路途艰险，远涉重洋寻求友谊的历史是十分珍贵的。今天，马累博物馆陈列着出土和海底打捞的中国瓷器和钱币，也反映出中、马友好往来和贸易关系已有悠久历史。

1558年后，马尔代夫长期处于欧洲殖民统治之下。中马关系被迫中断几个世纪。20世纪60年代初，中国支持马尔代夫摆脱英国殖民统治、争取民族独立的斗争。1972年10月14日，中、马两国正式建交，自此两国的友好合作关系不断发展，双边往来增加，彼此尊重、相互支持，在国际和地区事务中有着积极的良好合作。经济技术合作不断拓宽，双方先后共签订了九个经济技术合作协定。中国还向马尔代夫提供了力所能及的经济援助，援建和承包了多项工程。

2002年，马尔代夫成为中国公民出国旅游目的地国。2012年，中国赴马尔代夫游客达20万人次，我国已成为马尔代夫第一大旅游客源国。目前，我国北京、上海、广州、昆明、重庆同马累间分别开通了直航或包机航线。

经济地位

1. 经济状况

马尔代夫强调发展国民经济，实行小规模开放型经济政策。坚持在环境保护的基础上，发挥自身资源优势，积极吸收国外资金与援助，加快经济发展。旅游业、船运业、渔业是其经济三大支柱。

马尔代夫工业基础薄弱，仅有小型船舶修造、海产和水果加工、编织、服装加工等手工业。2011年工业产值29.57亿拉菲亚，占其国内生产总值（GDP）的14.7%。农业落后、土地瘠薄，可耕地面积6900公顷。椰子生产占主要地位，约有100万棵椰树。其他作物有小米、玉米、香蕉和木薯。近年蔬菜和家禽养殖业开始发展。2010年农业产值为3.65亿拉菲亚，占国内生产总值的1.8%。海洋资源丰富。渔业盛产金枪鱼、鲣鱼、鲛鱼、龙虾、海参、石斑鱼、鲨鱼、海

水上运动

停泊在马累港的外国游轮

丰富的海产品

龟和玳瑁等。鱼类主要出口中国香港和台湾、日本、斯里兰卡、新加坡。近年，由于气候变暖，捕鱼量下降。2011年渔业产值为2.3亿拉菲亚，占国内生产总值的1.1%。马尔代夫旅游资源雄厚，政府重点发展旅游文化。旅游业已成为第一大经济支柱。现有旅游岛97个，床位2.45万张，入住率达73.1%，人均在马尔代夫停留7天。2011年赴马尔代夫游客93.13万人次，同比增长18%，收入60.61亿拉菲亚，占国内生产总值的30.2%。海运业主要经营香港到波斯湾和红海地区及国内诸岛间的运输业务，航运有通往斯里兰卡、印度、新加坡、阿拉伯联合酋长国、南非、中国及一些欧洲国家的定期航班。2010年运输通讯业产值约36.71亿拉菲亚，占国内生产总值的18.3%。

对外贸易逐年增加。2010年出口1.99亿美元，进口10.95亿美元。2011年出口3.46亿美元，进口14.65亿美元。主要出口商品为海产品和成衣，进口石油产品、食品、纺织品和生活用品。2010年主要贸易伙伴有新加坡、阿联酋、印度、马来西亚、中国和泰国。

财政收支不平衡。2011年收入90.95亿拉菲亚，支出121.6亿拉菲亚，赤字为30.64亿拉菲亚。

2. 发展简况

长期的殖民统治，使马尔代夫经济比较落后。1963年，马尔代夫加入科伦坡计划组织，取得一些经济和技术帮助，对马尔代夫的经济发展起到了一定促进作用。1968年共和国成立后，由于各种因素制约，经济发展十分缓慢。

1978年马尔代夫政府实行积极而谨慎的整体经济政策，国民经济开始得到较快发展。1985年开始实行国家发展3年计划，1989年以后，政府又采取了一系列新的经济政策，修改了《外国投资法》，积极吸引外国投资。2001年将3年计划改为5年计划，并制定了2001—2020年的20年长远发展规划。

马累港口的集装箱船

从1972年开始，马尔代夫加大了对旅游业的开发和投资力度，40年来发展迅速。1985年旅游业收入已成为国家外汇收入的主要来源，2001年旅游业收入占GDP的34%。旅游业的快速发展，极大地刺激和带动了建筑、运输业的发展。目前，旅游、进口贸易、建筑和运输已经成为马尔代夫经济的四个重要领域，其生产总值已接近国内生产总值的60%。船运业、房地产业、渔业、农业和制造业在国民经济发展中也占有相当重要的位置。

3. 发展速度

1980—1991年，马尔代夫国内生产总值平均以10.2%的速度递增。20世纪90年代前期，年增长率平均为6%左右。第5个3年计划期间（1997—2000年），年平均增长率达到了6.8%，实际GDP增长率平均达到7.6%。2011年增长率为7.5%。

美国"9·11"事件后，受旅游安全环境和全球消费能力的影响，马尔代夫的入境游客大幅减少，经济蒙受重大损失。为了阻止经济进一步下滑，2001年以来，马尔代夫采取了一系列重要措施：一是将拉菲亚贬值8%，与美元实行事实上的固定汇率，从11.77调为12.80，现1美元兑换15.40拉菲亚。二是进一步开放金融市场，在取消对银行特殊信贷最高限额的规定的基础上，又准许各银行间在紧急情况下实行资金流动。这使马尔代夫经济很快复苏。2012年的马尔代夫国内生产总值总量为16.5亿美元，增长3.4%。

随着经济稳步增长，人民生活水平不断提高。马尔代夫从20世纪70年代末人均收入不足100美元，是世界上最不发达的20个国家之一，1997年达到1882美元，一跃成为世界上中等偏低收入的国家之一。1999年首次突破2000美元大关，达到2098美元，2012年人均国内生产总值已达5156.3美元。

 **文化大观**

　　马尔代夫是群岛国家，海洋是其原住民终年所依存的资源，故海洋子民们自然以海洋文化来呈现其独立民族的风情。数千年来，来自世界各地的航海家和旅游者将各种不同风格的文化不断带入马尔代夫，经过长期的演化，逐渐形成了具有马尔代夫民族特点的多元文化。

1. 传统而现代的节庆日

　　马尔代夫的节庆日既有传统成分，又具现代气息，大致可分为宗教性节日和传统性节日。

（1）宗教节日

　　马尔代夫崇信伊斯兰教，每逢伊斯兰节日，普天同乐，教众的理念是让这一欢乐，不分贫富、老少，普及整个穆斯林社会。马尔代夫的宗教节日已变成了穆斯林接近阿拉、行善积德和加强人际关系的重要时机。在节日里，人们互相问候、互相拜访、着新装、吃美食，完美地展示出社会的互助、友爱与美好的追求，通过节日加强相互之间的友爱和情谊。主要节日有：

　　圣纪日：伊斯兰教历3月12日是先知穆罕默德诞辰纪念日，这是最重要、最隆重的节日。

　　斋戒月：伊斯兰教历每年9月1日开始，封斋30日。此间，白天禁食禁性。

　　开斋节：伊斯兰教历10月1日是"开斋日"，庆祝斋戒月结束。它与"宰牲节""圣纪"并称为伊斯兰教的三大节日。节日的早上，人人沐浴盛装、赴寺会礼、纳开斋捐、依礼宴客、互赠食品、周济贫穷、共度佳节。

　　宰牲节：伊斯兰教历12月10日，又称古尔邦节、祭祀节。它是信徒们虔诚地向阿拉献祭的日子，与麦加朝圣有关。这是马尔代夫最长的节日，也是重要庆典之一，古今的运动、音乐和舞蹈，一起汇演。

升天节：伊斯兰教历7月27日，纪念穆罕默德在耶路撒冷升天。

祈愿夜：伊斯兰教历9月27日夜，伊斯兰教徒向真主祈福纳祥，祈求恩赐。

星期五：马尔代夫穆斯林在这天全部要去清真寺做礼拜。政府特规定每周五为法定公共假日。

（2）传统节日

马尔代夫的传统节日庆典非常隆重，几乎每节必庆，庆必放假，普挂国旗、组织游行。游行队伍一般由乐队和青少年组成。他们英姿勃发，雄壮行进，引来沿途人们的赞赏、惊奇和围观。主要传统节日有：

抗葡纪念日：1573年，穆罕默德·塔库鲁法努驱逐葡萄牙侵略者的起义获得成功，结束了葡萄牙人在马尔代夫长达15年的残酷统治。为了继承和发扬民族的英雄精神，每年伊斯兰教历3月1日，举行全国性的隆重纪念活动。活动声势规模之大、参与群众之多、界别人士之广，不逊于国庆。

独立日：1965年7月26日，马尔代夫获得了独立。3年后，第一任总理易卜拉欣·纳西尔（Ibrahim Nasir）宣告共和国成立。每逢此日，全国各岛载歌载舞、狂欢庆祝。最隆重的大型活动是晚上在共和国广场举行的官方庆典。庆典以国家安全部队和国家学生军训队组成的阅兵分列式开始，接着是身着彩装的数百名学生表演的各种传统操练、传统舞蹈和现代体操，期间还有彩车以及表现传统和现代主题的化妆队伍通过。

共和国日：1968年11月11日，马尔代夫第二次成立共和国。每年此日都要举行阅兵式和游行。

两个新年：马尔代夫同时实行公历和伊斯兰教历，每年有两次新年，即公历元旦和约7月中旬的伊斯兰教新年。

渔民日：马尔代夫人是以海为家的民族，全体国民都是渔民或渔家出身。每年12月10日为法定的"渔民日"，举国同庆。

此外，国民议会开幕，总统的诞辰，以及国家重大活动，均举行节日般的庆祝。

2. 种类繁多的风土歌舞

马尔代夫人能歌善舞，他们的歌舞受印度洋沿岸国家的文化影响，汇集了东非、南亚、阿拉伯、东南亚的音乐特点，已成为马尔代夫文化的重要组成部分。歌舞是马尔代夫人抒发情感的一种重要方式，当今的马尔代夫人既能充分享受现代流行音乐所带来的种种刺激和愉悦，又保留着古朴淳厚、独具特点的民间音乐舞蹈。马尔代夫歌舞种类繁多，目前流行较广的主要有以下几种：

（1）波杜柏鲁（Bodu Beru）

波杜柏鲁是马尔代夫男女老少都喜欢的一种最流行的音乐舞蹈形式。几乎每一个居民岛上都有一个波杜柏鲁剧团。波杜柏鲁劲舞以伴黑人歌曲《BaburuLava》而闻名，这种歌曲在11世纪或者更早就出现了。

波杜柏鲁通常由15名男女舞蹈者和一名领唱者表演，伴奏使用的乐器通常包括三四个鼓、1个小铃铛和1个名为奥奴甘杜（Onugandu）的打击乐器。鼓身由椰树木材掏空，鼓面由蝠鲼（Manta Ray）皮或山羊皮制成。这种鼓敲击起来音韵浑厚且音域宽，用来为演唱击节拍。

波杜柏鲁是19世纪由非洲的奴隶引入马尔代夫的，获得自由的奴隶们为庆祝新生，欢歌狂舞，延续下来，逐渐演化、形成了这种艺术形式。它表现的内容多以英雄事迹、冒险故事或者讽刺为主，极具观赏性和娱乐性，深受大众喜爱。现在人们结合社会生活内容，特别是人们喜闻乐见的事务，用迪维希语重新填词，供人们伴着韵律自由吟唱。目前，它已经发展成为一种高雅音乐舞蹈形式。

波杜柏鲁对表演场所和表演者的要求不拘一格，既可在街上随地表演，也可高登大雅之堂；既可在工余之暇聚众一唱，也可在大型盛典中郑重表演一番。现在它已成为庆典表演的必有节目。正式表演者多着马来半岛的土著服饰。

（2）塔拉（Thaara）

塔拉在娱乐形式中占据着特殊的地位。表演者一般由22人组成，身着白衣，分成两排，相向席地而坐，边击鼓，边唱歌，而众人则在他们之间跳着舞。这是一种半宗教式的音乐，只限男人参加。塔拉歌曲开始节奏缓慢、音调低沉，随后逐渐加快节奏、提高声响。

塔拉是在17世纪中叶，由中东地区阿拉伯人传入马尔代夫。塔拉带有一定的宗教色彩，表演者一般要先宣誓，有时还要进行一些模拟性的表扬。这些内容目前已被政府禁止，但其

民间舞者

音乐和舞蹈部分仍是马尔代夫人民喜爱的一种娱乐形式。现在塔拉只在国家的庆典中表演。

（3）加奥迪拉瓦（Gaa Odi Lava）

加奥迪拉瓦是石头船只舞的意思。这是马尔代夫人在完成某项任务或繁重的体力劳动后，为抒发内心满足的喜悦和成功的欢欣而边歌边舞的形式。这种舞最初流行于1620—1648年穆罕默德·伊马杜丁一世（Mohamed Imadudeen Ⅰ）统治时期。据传，为了保护马累免遭海水侵蚀，苏丹穆罕默德·伊马杜丁一世决定在马累周围修建一圈防波堤。他将筑堤人员分成若干个"odi"（船只），以便从各珊瑚岛向马累运送珊瑚石。防波堤筑成后，人们无比兴奋。为了表达完工后的喜悦心情，各个"odi"的民工汇聚一起，载歌载舞，拜见苏丹。自此，Gaa(石头) Odi(船只)这种音乐歌舞形式便诞生了。

在苏丹统治时期，每完成苏丹分派的任务，参与者都要到皇宫前广场庆祝一番，旨在领赏。舞蹈者手执一根特制木棒，分成两排，边歌边舞，并列而行。到达广场后，歌声节奏加快，声音逐渐高亢，又唱又跳、手舞足蹈，最后围着一个特制的容器形成一个大圆圈。容器里装满了金银珠宝，是苏丹给歌舞者的赐品，人们取走分之。

（4）兰格里（Langiri）

兰格里是年青男子在傍晚时分表演的一种歌舞形式，最早起源于20世纪初的苏丹夏姆苏丁三世时期。这是年轻人在表演塔拉时，随机进行改编发展而成。表演时，每个舞蹈者手握两根长约2英尺、称为"兰格里丹迪"（Langiri Dhandi）的木棍。每根木棍首端都饰有五彩缤纷的人造假。兰格里歌舞因此而得名。

兰格里的舞蹈有些技巧。表演者分成两排，每排12人或6人，上身摇动，两手以各种不同的姿势不停地敲打着"兰格里丹迪"木棍。每个舞蹈人员必须同前排与其相邻而坐的三个

"邻居"每人相互击打六次"兰格里丹迪"木棍。领唱者坐在舞蹈者右边的一排，歌声时而悠扬、时而高昂，非常动听。每次兰格里表演的时间长短各不相同，通常约为演唱七八首歌曲的时间。

（5）丹迪杰恒（Dhandi Jehun）

丹迪杰恒是一种流行于各环礁的音乐歌舞表演形式，但各环礁表演风格不一样。丹迪杰恒集歌、舞于一体，形式多样，变换多端，实为有趣。表演舞蹈的都是男子，约30人为一组，每组单独进行表演。每次表演持续约1小时。这种歌舞节奏鲜明、刚劲有力，无论在白天、晚上、平时、节日或庆典均可进行表演，是马尔代夫人非常热衷的一项娱乐方式。

在丹迪杰恒表演中，歌曲通常是塔拉歌曲或温巴（Unbaa）歌曲。歌手们在领唱者的带领下放声高歌，脚踏曲拍，边唱边跳，行进表演。有时为了增强气氛，还增添两名圆鼓手或小手鼓手，紧随队后，边敲边走，热闹非凡。舞蹈时，每人手中都持有一根长约3英尺的"Dhandi（木棍）"，与其对面而坐的伙伴用手持的木棍相互击打，使其根据音乐的节拍发出有规律的声响。同时，他们还要随着歌曲和木棍击打的节奏边唱边跳。表演一般持续1个小时左右。表演者不需化妆，也没有任何特制的服装，但在一些特定的表演中，一般都统一着装，通常是马来土著人的穿戴模式，围裙、T恤、白头巾，身披一件白色风衣，腰上系一根漂亮的腰带。

丹迪杰恒被认为来源于印度的米尼科伊群岛的马利克（Malik）。

（6）波利米拉斯内逊（Bolimilaafath Neshun）

波利米拉斯内逊是一种由妇女表演的歌舞。舞蹈展示了在特殊场合妇女向苏丹敬献贡品的场景。贡品通常是些贝壳或其制品。妇女们将贝壳装在一个名叫"度兰迪马拉法斯（Kurandi Malaafath）"的精巧别致的小花瓶或雕漆盒之中，密封起来，上面用一块色彩艳丽的丝绸覆盖。妇女们手持贡品，身着鲜艳的用香料熏烤过的民族服装，散发着浓郁的诱人香味，跳着这种舞蹈觐见苏丹。

舞蹈由24人参加表演，随着音乐的优美乐曲，边舞边唱，逐渐分成2组、3组、4组甚至6组。她们谦恭地颔首走向苏丹，献上贡品，并用歌曲表达她们的情感或民族精神。少女们随乐扭动着单细的腰身，摇摆着纤细的手臂，非常美丽动人。1968年马尔代夫共和国成立后，君主政体不复存在，向苏丹献贡也已成为历史，但这种舞蹈形式却保留至今。人们不仅在街衢、市面上能看到这种歌舞的表演，甚至可以看到其在舞台演出。今天，波利米拉斯内逊仍然是马尔代夫妇女所有歌舞形式中最重要的形式。

（7）马法蒂内逊（Maafathi Neshun）

马法蒂内逊是一种与兰格里相类似的歌舞形式，全部由身着民族服装的妇女表演。这是一种群体歌舞，表演时排成两排，每排10人，每个表演者手持一截半圆形绳子，绳子长约3英尺，绳上系着人造假花。舞蹈时还可分成两三人一组，以各

马尔代夫舞蹈

种不同的姿势舞动着手中那根半圆的绳子，并做出各种象征性的动作。舞蹈者的婀娜多姿和摇绳圈的娴熟，令人赞赏。

（8）法蒂甘杜杰恒（Fathigandu Jehun）

法蒂甘杜杰恒是一种傍晚时分在舞台上表演的音乐。一伙男子随着音乐的鲜明节奏翩翩起舞。每个舞蹈者两只手中分别持有两块长约6英尺的小竹板，表演时，将手中的竹板相互碰撞使其发出具有音乐节奏感的声响，并随着音乐和歌曲节律尽情地展示他们的表演技艺。表演中，常常还有一位鼓手，他不但要不停地敲打着锡制器皿，同时还要作为歌手为舞蹈者领唱。

法蒂甘杜杰恒表演的歌曲通常表现的是一些史诗题材，最有名的一首歌曲是《布鲁尼·莱瓦鲁》（Burunee Raivaru），讲述的是一位苏丹寻觅妻子的故事。它把刚劲的节奏和细腻的感情表现得淋漓尽致。

（9）班迪亚杰恒（Bandiyaa Jehun）

班迪亚杰恒是全国都很流行的一种娱乐形式，常见于庆祝节日和全国性庆典。这是一种仅限于年轻女子表演的一种更流行的舞蹈，可以说是印度《壶舞》的一种变异。这种舞在表演时，女孩子们手上提着金属水壶，面对面站成两行，踏着碎步，不停地敲打。她们随着优美的旋律边唱边舞，用手指上的戒指有节奏地敲打着水壶。为了发出足够响亮的声音，舞蹈者常常套上一些用金属制成的指环。虽然表演者没有固定的装束，但比较一致的服装主要是长长的裙子和宽松的上衣，目前通常穿着的是一种名为"迪古黑顿（Dhigu Hedhun）"的当地服装。

这种舞表演形式有多样性和随意性，既有规定动作和惯常套路，也有灵活性和超常发挥；即可站立表演，也可坐着演奏、服装、音乐及乐器随着时代的变化有了相当程度的改变。尽管西方的流行乐和印度的音乐已在马尔代夫广为传播，但是祖先留给他们的这种传统音乐和歌曲仍然保存了下来。其中

Raivaru、Farihi和Bandhi都是具有独特风格的歌唱形式，流传全国。

（10）卡达玛利（Kadhaamaali）

卡达玛利是一种古老的舞蹈，起源于何时已无从考察，但至少已有几个世纪。目前，只在马尔代夫北部地区的哈尼马杜环礁行政区首府库鲁杜夫希得以留存。伴奏乐器常常是一些用铜材制成的盘子或小棒。舞蹈在十分热闹的打击乐器声中开始。一大群男子——通常30人左右，身着各式各样的服装，有的装成恶魔，有的装成妖怪。这些"妖魔"当地人称为"玛利（Maali）"。

这种舞蹈与当地的一种传统风俗有关。为了避邪，岛上年龄最长者常常要在晚上做完事以后，环绕该岛步行一圈，要连续步行三个晚上。完成这三个晚上的步行之后，为了表示结束，岛上要组织各种不同形式的音乐和舞蹈。卡达玛利是其中的最后一个舞蹈，也是这个晚上的主要节目。

卡达玛利是典型的土风舞，原始古朴、动作格调划一，表现出马尔代夫民族的淳朴憨厚。在进行过程中，各行各业的人们从四面八方赶到表演现场。他们用自己携带的乐器，参加舞蹈表演，展示自己的才艺。一旦完成表演，便独自离开表演队伍，而其他表演者则继续表演，直到夜半时刻，卡达玛利才全部结束。

目前，卡达玛利只在节日期间进行表演，但在可怕的疾病流行期间，也进行"三夜步行"，适时表演。

3. 多元素的艺术及工艺品

马尔代夫的文化艺术是在综合了东非、中东、南亚、东南亚等地区文化元素的基础上创造发展起来的，这和其民族来自各方民族融合同成一样，既属土生土长的土风艺术，又有外来元素的诸多移植。马尔代夫的艺术品，尤其是工艺品，多是从实践生活用品提炼升华，有的是受到生产、生活实践的启迪，产生了艺术创意而设计创作的。在马尔代夫看到的、买到的艺

人文地理

术品，都能在现实生活中找到根据和源头。

（1）雕刻

马尔代夫的雕刻十分有名，主要有石雕和木雕两种，艺术手法以浮雕为主，雕塑副之。其中石雕多以珊瑚石为材料，内容多半为民族英雄、神灵鬼怪或其他具有纪念意义的文字作品。因许多雕刻都是记述历史真实，人们把雕刻的艺术作品视为历史画卷、非文字的史书。马尔代夫人虽然有许多艺术代代相传，一直流传至今，但他们曾经雕刻的大部分精美工艺品在当地收藏不多见，大都失传。马尔代夫的书法艺术与伊斯兰教有着很大的联系。新老清真寺都展示了出自《古兰经》的漂亮书法。

当许多工艺已近绝迹的时候，更多的人却以精巧的雕刻工艺在旅游业中找到了新的生活。由于公众对保护环境的呼声日益高涨，曾经被游客珍视的龟甲和黑珊瑚雕刻制品现在已经停止生产了。

（2）绘画

绘画在马尔代夫具有悠久的历史，马累的国家博物馆和各清真寺都藏有各个时期数量不等的各种绘画珍品。绘画题材以反映社会生活、宗教活动和风俗习惯居多，笔法多是素描和工笔，画具以碳素为主。在近代，水彩与油画逐渐多起来，但是凡属经典之作还是碳素笔画就。

（3）手工艺

民风的质朴、生活方式的简单，使得马尔代夫人在劳作中思维创意也表现为简洁明快和粗犷单纯形的格调，但反映在工艺品上则是简约精美、艺术感很强。许多工艺制品样子简单，却有美质美感。马尔代夫的传统手工艺包括织席、服装刺绣、椰子纤维编织和漆器等。此外，还有其他如珊瑚、珍珠、黑珊瑚、贝壳和海龟壳等工艺制品。由于这些工艺品精美绝伦，十分难得，越来越受到海外游人的青睐。为了保护环境，马尔代夫已禁止黑珊瑚、海龟、贝壳和其他珊瑚制品的采集、加工和非法出口。

（4）木制漆器

木制漆器是最有特色的马尔代夫手工艺品，其制作工艺不复杂，但因多为手工操作，从选材、造形到掏空、镂空、着色，一直制成精美的木盒、容器以及装饰性物品，颇费功夫。这种制品是取材于当地的一种叫funa（亚历山大港月桂树）的树木。它盛产于全国各地，木质较好，镂刻时不断不裂，做出的器皿经久耐用。偌大一块木材，经过艰辛的精雕细刻，最后制成各种不同大小和形状的器皿，从小药丸盒、大小各异的花瓶到圆形、椭圆形带盖的盘子等。最后一道工序是在这些器皿的表面，涂上红色、黑色和黄色的树脂，并刻上流畅绚丽的精美图案。这种木制漆器，被认为是东方各国民族文化交流中，互相借鉴、互相学习的产物，现在成为马尔代夫特有的民族手工艺术，显示了马尔代夫珍视和保护历史文化遗产的光荣传统。

（5）编织垫席

马尔代夫的各个地方都出产漂亮的垫席，其大小不等，从餐具垫到床垫应有尽有。它是一种叫"Haa"的芦苇，晒干后用从浅黄褐色到黑色的各种自然染料着色。织工运用巧妙的创意和精湛的技术，在手摇织布机上织成复杂抽象图案的垫席。这是马尔代夫的特色工艺品，大受各国旅游者的欢迎和喜爱。垫席不仅是重要的旅游商品，也是出口创汇的外贸商品。它是物质的，也是文化的，从制作工艺到花色构思，都反映出马尔代夫的民族智慧。

（6）多尼船

马尔代夫有悠久的造船历史，也具有高超的造船工艺。其船俗称多尼船（Dhonis），其实是风帆渔船的古称，是自古以来当地群岛间的交通工具，更是原住民所赖以捕鱼维生的生产工具。它是承载民族生存的历史航船。船的结构科学、造型奇特，高翘的船头、流线形的船体，行进在海上活像在水面上

多尼船

浮游的大天鹅。从功能说，多尼船是生产运输工具，从建造工艺和形体美说，它又是一件大型工艺品。当今，各旅游岛屿饭店用其充当接驳客人的工具，并作为旅游观光客的娱乐船钓用船、列岛游船与潜水用船(Boat Diving)。这些船整日忙忙碌碌穿梭航行在各个海面，构成了一幅饶富海洋风情的画面。

多尼船是土生、土长、土用的工业产品。它是用先民长期与海相处中孕育出的绝佳造船技术所制造，承载着当地原住民2000多年海上生活的历史，也就自然成为马尔代夫民族习俗和文明发展史上的重要物证。多尼船船首的弯月造型与独具一格的尾舵，是马尔代夫手工艺专家的代表性作品。它是物质的，也是文化的。游客搭乘多尼船会得到令人永难忘怀的体验，尤其是夜间循环行驶在环礁中，满天的繁星皆可让你拥抱入怀之时，时空似乎回到了远古。

4. 淳朴的民俗民风

（1）马尔代夫民情

马尔代夫人是大海的子民，有着海一样的秉性，胸怀开阔、性格豪爽、待人诚挚、淳朴憨厚、态度友善。他们乐天知命，过着简单、朴实、悠闲和知足常乐的生活。这正应了"一方水土养一方人"的格言。

马尔代夫人以大米为主食，其次是红薯、山芋等，玉米也是常食的食粮。副食主要有牛、羊、鸡肉。鱼在马尔代夫是最丰饶的物资，捕鱼是一项传统的、永不过时的生计。他们生于水湄、长于水湄，早已把鱼类当作是生命延续的活泉，视为阿拉所赐予的宝藏。因此，人们吃得最多的食品是鱼，特别是金枪鱼，但不吃无鳞鱼。其次，他们吃大量蔬菜、水果，饮用椰汁。遵从伊斯兰教的教规，马尔代夫人禁酒和戒食猪肉。部分居民吃饭不用刀、叉、筷、匙，而用右手拇指、中指和食指把食物搓成团放进嘴中。这就是人们常说的"吃抓饭"。马尔代夫人像许多东南亚国家的人一样，有嚼槟榔的习惯。他们把新鲜槟榔叶采来，包上石灰粉，填到嘴里咀嚼，嚼得满口血红，

马尔代夫居民岛上的磨刀匠

不免引起初到旅游者的好奇和疑惑。当地人几乎从不患牙病，因为他们大都起床后跑到海滩上用海沙磨牙。

马尔代夫人的服饰近似于印度和斯里兰卡人，一般服装也从上述两国进口。男人常穿薄薄白衫、纱笼，有身份的人常穿阿拉伯式的长礼服。他们平素喜欢穿便装，轻便的棉线和亚麻材质服装很普遍，但服装一般都不露大腿和肩膀。公务人员在参加隆重仪式时则穿西服。伞是常备之物，不仅遮阳，也是表明身份。妇女的传统着装十分简朴，色调单一，但色彩鲜艳。女孩常穿西式短上衣，一般不戴面纱。马累的妇女常穿色彩艳丽的紧身服装，青年妇女喜欢色泽鲜艳、轻薄的上衣，长长的裙子，腰围很高、袖子很长、领高、口大。有的妇女穿束腰连衣裙、大开襟的宽披肩领连衣裙、前开襟紧身衣。各个年龄段的妇女都爱佩戴一些金、银、铜质首饰，饰品颜色多种多样。

（2）风土习俗

马尔代夫奉行伊斯兰教文化，在执行教规教法和宗教习俗上，做起来要严格得多，如斋戒月的禁食、星期五安息日的祈祷，以及严惩饮酒教徒等。遵照宗教习惯，马尔代夫每年都有许多仪式，如教徒以努力工作回敬和赞颂阿拉的"法泰哈"仪式，接受割礼的"孔纳特"仪式，以及称为"贾伊纳兹"的丧葬仪式等，这些都是严格按照教习惯例举行。马尔代夫人的婚丧嫁娶与许多伊斯兰教国家大同小异：婚礼比较隆重，具有传统的伊斯兰风格；丧葬相对简单，用白布将逝者"一裹了之"。

（3）妇女地位，社会关系

马尔代夫按伊斯兰教规可一夫四妻，但一夫一妻相当普遍。妇女们的社会地位和作用在伊斯兰国家较高，她们通常在家庭和社区扮演着重要的角色，甚而是活跃在主要社会活动中，特别在首都马累，政府、军队、警察局以及外交机构等皆可见其影踪。而在其他原住民岛中，男人终年漂泊于海上捕鱼讨生活，女性则扮演勤俭持家、扶老携幼的角色。

　　马尔代夫的妇女地位之所以比一般伊斯兰教国家高，一是在历史上妇女曾先后几度担任过女王；二是近代马尔代夫与西方国家交往频繁，西方思想的传入；三是现代教育的普及和发展，对传统的宗教习惯势力形成强烈冲击，青年男女对宗教的观念逐渐淡薄，妇女受宗教意识的束缚也就越来越少。妇女合理的社会地位，使社会家庭多成为一个个和谐的家园。男性在社会生活与经济发展中仍然是主导，但在家庭中并非全是主宰。男女共同承担维持家庭的重任，而大家庭系统则成为每个家庭成员的安全保障体系，团结协作、共度苦乐。

　　男女平等、家庭和睦、宗亲关系协调，这奠定了和谐社会的基础。统一的民族和单一的宗教，各岛社区相互联系密切，遇困难互相帮助。这使马尔代夫社会关系单纯、各家各户友好相处。同时，马尔代夫的节日很多，人们在节庆欢乐中归纳理顺了信念、荣耻观，有些差异和矛盾得到协调、淡化，情绪得到调节。这些使整个社会变得和谐。

马尔代夫居民岛上的儿童

 **沉没危机**

马尔代夫平均海拔只有1.2米。据测算，只要印度洋的水位上涨50厘米，马尔代夫80%的国土将被淹没。随着温室效应造成大气层温度的持续上升，科学家预言，在未来100年内，马尔代夫或许完全从地球上消失，现已有人称马尔代夫为"即将消失的国度"。

1. 海啸警示

2004年12月印度洋上的海啸使马尔代夫遭到致命的打击和惊雷般的警示。在全国1192个岛屿中至少42个岛屿在大海啸中遭没顶，荡然无存。202个当时有居民的岛屿中，有13个被摧毁。另有29个度假岛屿也未能幸免于难，其中19个旅游岛遭到严重破坏被迫关闭。3997所建筑受损，14个居民岛的居民被迫全部迁出。首都马累岛1.87平方公里，三分之二的地方被海水淹没，巨浪冲击着民宅、拍打着总统官邸。北部一座曾有3500人居住的岛屿一度被海水吞没。从受袭岛屿疏散安置9000余人，仍有1.2万人流离失所。上述灾情给国内生产总值仅有6.6亿美元的马尔代夫造成了高达13亿美元的经济损失。117人死亡或失踪。海啸给马尔代夫人造成的内心创痛永难平复，也使他们看到自己正直接面临生存威胁。海啸迫使马尔代夫政府未雨绸缪，加速举国迁徙规划的筹划。

2. 未来形势

　　马尔代夫的未来形势堪忧。19世纪末以来地球表面升温0.3℃～0.6℃，且还在持续升高中。科学家预估，到2100年海平面会升高0.88米。马尔代夫80%的陆地低于海拔1米。科学家的最新报告表明，如全球变暖趋势得不到遏制，马尔代夫可能会在本世纪消失。现已有许多岛屿开始遭受海水泛滥的冲击和侵蚀，人民生存面临威胁，国家濒临"灭顶之灾"。马尔代夫总统已表示，政府力尽可能，防患于未然，情况恶化时，可能举国搬迁。

面对气候改变及其带来的威胁，马尔代夫特别注重海岸的保护、淡水的管理以及珊瑚礁的保护。政府在首都马累周围已花费约6200万美元建设防波堤及海墙，在有人居住的岛屿和游乐区都禁采珊瑚。政府划定25处为保护区，明令禁止海龟、红珊瑚、海豚、生蚝、硬珊瑚、鹦鹉鱼、鲸鱼、鲨鱼以及各种贝壳的捕捞和出口。为了保持一片蓝天、保护一方净海，马尔代夫发出激情呼吁，吁请各国政府共同承诺拯救世界的气候，减少生物物种的消失，挽救马尔代夫这片地球上的乐土。他们表示，任何微小的努力都与马尔代夫人民的生命攸关，将会受到马尔代夫人民的高度重视和深切感激。他们提出，人人有义务保护这人类"最后的天堂"。要求到马尔代夫旅游时，在尽情欣赏秀丽的风光和美壮的海底世界中，不要损害陆、海中生物，以保护生态、维护环境。

3. 环保意识

马尔代夫人的环保意识很强，这与国民素质和政府管理教育有关。旅游文化是马尔代夫经济发展的主题，环保则是旅游发展的基础之一。马尔代夫政府和人民把环保视为经济命脉的保障，视为生存的根本之一。他们把环保与自身利益和命运相连。

（1）政府重视

1984年，政府成立了国家环保委员会。1989年制定了为期十年的《国家环境行动方案》。1990年成立了环保研究部门，实行了特定区域开采珊瑚矿的新体系。1993年出台了环境保护法案，发起环保宣传运动，成立环保俱乐部，举办环保研讨会，内阁设立了内政环境部。1999年，又制定了新的环境保护六年计划，将水资源管理、海岸区管理、固体和有害垃圾处理、污水排放等列为环保的重点。2002年10月发表了《马尔代夫2002环境报告》对环境问题进行了全面总结和规划。马尔代夫已成为全世界最重视环保的国家，兴建污水处理厂，建立垃圾分类处理中心，强制性规范建造全国的厕所。加强生态环保，控制排氮，植树造林，三年植树200万株。马尔代夫势将建设成世界上"最绿的国家"。

马尔代夫在1989年主持召开了"小国海平面上升问题部长级会议"，并发表《马累宣言》，提出许多行动倡议。马尔代夫积极参加了1990年的"第二届世界气候会议"、1992年在里约热内卢的"全球峰会"、1994年的"全球关于发展中岛国可持续发展会议"。1997年马尔代夫参加了"京都会议"，同

红珊瑚

年还召开了第13届"关于气候变化的政府间座谈会议"。2009年的哥本哈根气候会议上，马尔代夫以最有发言权者的资格，力促会议取得积极成果。

珊瑚

（2）民众觉悟

马尔代夫作为世界著名的旅游度假胜地，清洁美丽、空气清爽、海水清澈，天海之间似乎一尘不染。这主要是因为人人都

海龟

具有高度的环保意识，他们深深地意识到，环境关系到他们的经济发展和长期生存，环保是他们的最高职责、是保护国家的防线。他们自觉遵照执行政府的环保法规，遵循"环境至上，行动为先"理念，对于政府严禁在岛上捕鱼、采摘或践踏珊瑚，不准在酒店房间煮食，不准在岛上喧哗、吵闹，不准随地扔垃圾，以确保自然环境的优美、宁静等，都身体力行、严格遵守，并监督提醒他人。旅游岛上全天有专人随时随地清理打扫，地上见不到任何纸片烟头、腐枝败叶。每天的废水垃圾，全部收集运走做无害化处理。旅游岛和居民岛分开管理，使旅游岛上的治安、卫生、环境的幽雅，都有绝对保证。这种管理特点，无异于艺术。

为了把环保事业进行到底，马尔代夫正在"全球化思维，本土化实施"和"独立的马尔代夫，清洁的马尔代夫"的主旨下，全民动员，保护生态环境，增加自然植被，科学排污除垢，资源循环利用，推广化废为宝的新技术。

（3）水下阁会

马尔代夫前总统纳希德一直是国际上要求重视气候变化影响的重要声音。2009年10月17日，他在Girifushi岛的水下亲自主持召开内阁会议。全体内阁部长参加。他们戴上水下呼吸装置，潜入深约六米的海水中，举行了世界首次水下内阁会议，以期引起国际社会的各国领袖对全球暖化以及对马尔代夫威胁的关切。他们以手势沟通，总统、副总统、内阁秘书和11名部长用防水笔在塑料白漆板上签署一份文件："SOS（紧急求救）"，紧急呼吁并敦促所有国家减少二氧化碳排放。

这次水下内阁会议传开后，马尔代夫的知名度和对其关注度一夜之间飙升。网上的消息铺天盖地，传播速度及范围无所企及。这不仅使各国政要关注，也为马尔代夫的旅游业产生了巨大的广告效应。这种形式独特、颇具挑战性的环保会议，引起了各国不少热心环保民众的关注。他们纷纷到Girifushi岛，试图一睹这场世界瞩目的水下内阁会议旧址。凡是到Girifushi岛潜水的游客，都要到开过会的海区潜水，"重温"这场世界独一无二的水下会议。

水下阁会

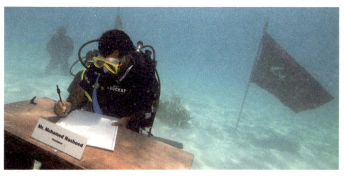

岛国旅游特色

1. 立体景观

马尔代夫的风景是立体的，从空中、陆地、海底看，都是那么秀美、壮丽。特别是从空中俯瞰，更为秀丽壮观。进入马尔代夫领空，放眼下望，蔚蓝的海洋上宛如漂浮着片片白玉镶嵌着的巨型翡翠，由鬼斧神工编穿成一圈一圈精巧的花环。

在马尔代夫更宜于休闲式的深度旅游，亦即"潜游"而非"浮游"。旅游者在这里不是追求人类文明发展而开发塑造的美，而是可以充分放松身心、亲吻自然，拥抱天海一体的苍宇地域，尽享天人合一的极乐感受和大自然赐予的美。人

所共知，世界上的生物是发源于海生的蛋白质微粒，那也是人类的最早的原生细胞。也许正是这个缘故吧，人遇上无极苍穹下的茫茫大海，胜似如鱼得水，那种回归大自然的奇妙感觉是天性人欲，都能充分地宣泄与享有。人被社会属性长期束缚的自然属性，只有在这种时候，才能无拘无束地释放出来。也只有在这种时候，人才能感到真正的轻松和无尽的愉悦。

总之，到马尔代夫旅游与去别处旅游的根本区别在于，到别处是饱尝眼福，到马尔代夫则是立体的观赏、全方位的体验、全身心的欢愉，深切感悟、体味生命的本源和生活创意的本源。

2. 一岛一景一酒店

马尔代夫的旅游文化得天独厚、独树一帜。每一座岛屿有各自的风采,有不同的度假旅馆风格。一岛一景一酒店,是马尔代夫特有的旅游文化特色。马尔代夫的雪白的沙滩、婆娑的椰影、翩翩的游鱼等自然景观与度假岛上所营造的休闲气氛,巧妙地融汇、糅合在一起,给予旅游度假者以综合的、立体的美感。马尔代夫的寺庙、沙滩、海水和阳光,众多深浅不一的礁湖,不计其数的令人眼花缭乱的水下珊瑚花园,都是马尔代夫发展旅游业的重要资源。连荒无人烟的野岛,也可"荒岛寻幽探秘",体验一下自由奔放的原始风情。

3. 度假天堂

马尔代夫独具的特征是美丽风光和神奇壮观的海底世界,它如梦似幻,难以名状,是一处可以让身心完全放松的地方,是一处在回程时觉得被彻底陶冶的地方。马尔代夫是旅游度假的天堂、新婚蜜月的情场、潜水玩家的乐园、海底世界的博览馆。你可在原始古朴的风貌中,享受奢华富贵的生活。

那里是真正的世外桃源，是过够了现代生活的人们想回归自然、感受自然、拥抱自然、融于自然的最好去处。对于那些想过过现代鲁滨逊式的孤岛生活、充分享受一下二人世界的情人爱侣们，马尔代夫就是梦想天堂。有人把与伴侣在马尔代夫度假称之为一生中最幸福的蜜月，把度假岛视为夫妇忠贞爱情的见证者。

4. 高端的旅游开发

马尔代夫的美招引着世界各地的旅游者，他们把马尔代夫称为印度洋上最后的人间乐园，终年有大量游客涌向那里。这大大激发了马尔代夫的旅游文化事业的发展，引来世界各国旅游开发商。他们把各岛美丽的共性，打造成一岛一景、风光各异、精彩纷呈的个性化旅游度假村。在马尔代夫，一个岛就是一家酒店，从三星级至五星级不同，但房子都是建筑在沙滩上或水面上，使你一开门就是蔚蓝海岸，一纵身就能浮潜观鱼。白天赖在大躺椅上清幽观海，夜晚坐在木板上观星谈情，海风习习、清凉爽快。此间真乃是旅游殿堂。

5. 斑斓的自然生态

马尔代夫阳光充足不燥热，被称为"太阳的宠儿"。很多热带树木，如椰子树、露兜树（Pandanus）、芒果树、棕榈树、槟榔树、橡胶树、面包果树、菩提树和热带攀缘植物，遮阳蔽日、调节气候。这里常年栖息着100余种鸟类，候鸟居多，主要有：乌鸦、信天翁、军舰鸟、燕子、鹦鹉和鸽子，海鸟有野鸭、鸬鹚、麻鸠等。马尔代夫是热带鱼的故乡，有700多种色彩斑斓、奇形怪状的热带鱼和无数热带海洋动物生活在这一带海域。这些不仅可供人观赏，也保持着自然生态。这些年许多岛屿被开辟为观光区，被誉为天堂岛，吸引着世界各地的游客前往。从1972年开发旅游岛度

斑斓的自然生态

假村，迄今已有近百个，最著名的、游人常去的，多半在马累北环礁、马累南环礁和阿里环礁南支。

6. 绝景热游

2009年12月7日到18日在哥本哈根举行的世界气候大会，吸引着世界关注的目光，牵动着马尔代夫人的心。他们期望发达国家对在追逐巨大的超额利润而大量排污给世界带来的灾难性危害采取措施，偿还良心账。同时，哥本哈根气候大会成了马尔代夫"绝景游"的"催化剂"，使各国游客趋之如潮，把马尔代夫变成了旅游热点中的热点。不少旅游者希望能在这一地球绝美景点消失前去游览欣赏一番。旅游商紧握商机，打造到马尔代夫的"世界绝景游"。

日暮下的水屋

首都马累和阿杜环礁

　　马尔代夫以自然岛屿为群居单位的社会形态，没有城镇，没有真正意义上的城市。首都马累原为唯一的城市，行政上为市。新设的阿杜市，不仅没有城市的概貌，也没有在人们印象中形成城市概念。倒是一些旅游度假村，其现代化程度达到了城市水平，成为旅游殿堂。

1. 马累——世界最小的首都

马累是马尔代夫的首都，位于环礁链的中间地带，面积只有1.87平方公里，人口大约只有10.8万，约占全国总人口数的三分之一。它是世界上最小的首都之一，被人们谐称"迷你都市""袖珍首都"。马累自古就是重要港口，现在是政府所在地，也是商业、贸易、卫生和教育中心。马累也是宗教中心，大小清真寺就有35个，全国最大、最有影响的寺都在这里。马尔代夫的民族风貌、历史和宗教遗迹以及社会发展程度，都集中表现于马累。马累四周海港码头多处，对外交通方便。

马累市是个喧闹繁华的小岛，分成亨维鲁（Henveyru）、加罗鲁（Galolhu）、马昌果里（Machangolhi）、马法努（Maafannu）、维林吉里（Villngili）五个区。前四个选区在马累本岛，第五区在与马累隔海相望、乘船只需十分钟的维林吉

里岛。马累街道清洁、绿树葱郁、翠草如茵、白色沙路、履之如毯。马累有高层建筑和平坦的道路，许多建筑物带有浓厚的英式风格。房屋都是由白色珊瑚礁石修筑，炫目的白墙和多半漆成蓝色、绿色的门窗成为强烈对比。房屋筑得又高又窄，据说是为了避免恶魔入侵。由于岛小、区域狭窄，城市交通主要靠骑车和步行，汽车很少。

海滨大道（Boduthakurufaanu Magu.）是最主要的街道，道边矗立着众多的商务旅馆。建于1913年的总统府也在此。马累建埠悠久，历史文化遗迹很多，著名的有1656年建成的古清真寺，以及1675年落成的神奇的伊斯兰尖塔，可供参观凭吊的古苏丹王朝的苏丹公园。在政府办公区域，主要街道两旁尽是机关、办事处及商家。居民区绿树成荫，街道两旁的大树枝叶相搭，形成拱棚。耸立的参天大树、挺拔的奇花异草，

使你沿街漫步会在记忆中留下美好的一刻。马累是全国的购物中心，许多商店都聚集在此。老集市地段仍然是国家的批发和零售中心，那里的小巷非常狭窄，行车困难，人群济济时，很难通过。马累没有天然海滩，只好人造以补缺憾，但有围绕全岛海岸的海堤。当地人的生活习性简朴，想体察当地人的生活就应去马累鱼市看看。那里是全国各岛屿捕获渔产的拍卖集散地，每天近黄昏时此起彼伏的叫卖吆喝声，显现出岛国活力的一面。

　　游览马累将帮助你了解首都居民的生活、工作情况和节奏，马累值得一观的地方有：

（1）共和国广场

　　共和国广场（the Republic Square）并不宽阔开敞，但马尔代夫重要庆典、集会、群众表演、游行和阅兵等均在此。它承载着马尔代夫表达意志、显示团结与力量的重任。从社会意义上说，它堪称是首都的活动中心。广场周围没有普通的建筑，广场的西面是一些商务楼，南方是伊斯兰教中心和国家安全卫队总部，东面是新建成的警察总署。向海的一边有一个码头，经常聚集着一些迎来送往和上下船的人。这个码头还是总统和内阁部长在国内视察和出国访问时上下船的重要地点。由此该码头名声鹊起，故而得名"总统码头"，招徕各地游客一睹其实。

（2）人造海滩

与共和国广场毗连的是人造海滩（Artificial Beach）。这是一个专供人们休闲和游泳的地方。马尔代夫各岛都有漂亮的海滩，唯独首都则不尽其然。这使马累人下班后要么足不出户，要么到其他岛游泳。从人性化考虑，政府辟出此地，堆上沙子，建成此滩。它虽不及自然沙滩，但深受欢迎。每到下午，这里人流如潮，热闹非凡。大人、孩子、本国人、外国人，都从四面八方来到这里，游泳、玩耍、散步，到处是一派欢乐祥和的景象。

这里通常是游泳爱好者的天地，也是经常举办体育运动、文艺表演和音乐演奏的场地。一到节假日、喜庆日或大型聚会等，人们往往来此，欢乐、比赛、游戏、运动，或歌舞或狂欢。每到周五，这里更是人潮涌动、人气沸扬。当地人来都是图清闲、看热闹，外地客则是感受人气，休闲娱乐。

在海滩上嬉戏的儿童

（3）鱼市

马累鱼市（Fish Market）在共和国广场西侧海滩沿线。马尔代夫渔民一般每天下午3点左右，驾装备了动力装置、全球定位系统GPS和其他设施的捕鱼船下海，开始一天的捕鱼。随着鱼群的活跃，捕鱼的节奏逐渐加快。傍晚，渔船返航，陆续驶入马累内港，并直接停泊在鱼市场前。那里是各岛渔产的拍卖集散地，一批批的金枪鱼被装运到其他公共集市。这里的鱼虾可谓鲜活，从船上直接提回家，沿途都在活蹦乱跳。卖主们把把各种各样的鲜鱼摆放或倾撒在地上，供顾客选购。渔民们的现场交易通常要忙碌到破晓才能结束。有时，他们也清早来到鱼市，手里拿着大活鱼叫卖。市场里有专门替人刮鳞去皮剔骨取肉的人，他们刀工娴熟，杀鱼、清理的过程已经成为了一项艺术。一条四五尺长的大鱼，只需一分钟，便被分割成皮、骨、肉三份。

集市每天都要冲洗消毒，被维护得干干净净。这里的鱼不论重量，而论大小，按条卖。鱼市值得一去，买条刚捕捞上来的鱼，及时烹调，其鲜无比，其味之好，只有在此时此地才有可能享受到。即便不买鱼，到此一游，当地风情所示，让你颇觉新奇，可以感受马尔代夫人生活的一个方面，更可了解当地的经营理念和管理方式。看后方知，繁忙和渔民的欢笑，正是这些海洋子民的原生态。他们的积习已成为一种土风文化。

（4）本地市场

本地市场（Local Market）位于海滩路，距马累北部码头区的鱼市不过几分钟的路程。它相当于中国的农贸市场，由一个个小货摊组成。这里聚集了来自全国各岛的乡下人，在这里兜售他们本岛的产品。这个市场经年历久，不仅一直都在同一地点，且行情市貌也很少发生变化。市场临海的一侧有一棵大树，年代不详，被视为该市场的一个重要标志物。

与邻近的鱼市那种紧张忙碌的气氛比较起来，这里节奏较慢、气氛平和。街边的商店都不大，最多的是工艺品店和土产品店。货摊上主要出售产于各环礁的多种产品，如木雕鱼、椰壳船、贝壳品、芦苇垫、木漆盒，艳丽的手绘画，还有一些店卖潜水用品。价格都不算很贵。在小超市里，货架上还有新加坡的果汁、澳大利亚的罐头、印度的鸡蛋、台湾

马累的建筑

的塑料杯等。另有各种各样的当地蔬菜、水果和甘薯，也有包装好的果脯、坚果和面包果片，以及瓶装的自制糖果、腌渍品等。用椰子壳纤维绳吊挂在天花板横梁上的一串串香蕉，金黄硕大，十分诱人。在临近的一座建筑里，有熏鱼和干鱼出售。

马尔代夫严禁出口任何种类的珊瑚，游客不可擅自收集沙滩或海中的贝壳，但可在地方市场购买到贝壳产品，不过需要到获得经营许可的商店。如有违反这些法律的行为，都将受到高额罚款。

（5）国家图书馆

1945年，马尔代夫国家内务部长兼教育部长埃米尔穆罕默德·阿明·迪迪建立了国立图书馆，归国家所有，政府资助。1948年该馆更名马吉德图书馆，纪念马尔代夫著名政治家埃米尔阿卜杜勒·马吉德·迪迪。虽然国家图书馆开始运作时不很正规，但图书馆业务逐渐由那些具有英文、乌尔都文和阿拉伯文知识的人掌管，成为一所参考图书馆，并且是联合国教科文组织和粮农组织出版物的保存馆。该馆藏书主要来自

捐赠，如英国文化协会、美国信息服务处等，而联合国教科文组织不仅赠书还提供设备。马吉德图书馆日益扩大，用户增加。

1982年，马尔代夫总统将其定名为马尔代夫国家图书馆，以界定其国有财产地位。此后，世界发达国家对其人员培训提供支持，同时在斯里

国家图书馆

兰卡图书馆协会帮助下，培训系统日趋完善。国家图书馆重组了馆藏，并得到预算，在1997—1999年建了新馆舍。图书馆的读者很多，它弥补了马尔代夫高等教育资源的不足，许多渴求知识又无经济能力的年轻人到此汲取营养。人们称其为"没有围墙的大学"。

（6）国家博物馆

国家博物馆（the National Museum）坐落在苏丹公园内，原是一座旧王宫。博物馆于1952年11月19日正式对公众开放，是马尔代夫的重要旅游景点之一。这是一座爱德华式殖民时代风格的三层建筑，馆内收藏着各种史前和先伊斯兰时代的大量文物和许多马尔代夫手工艺品及一些中国古代瓷器及钱币，其中有：前苏丹坐过的宝座、穿过的礼袍、戴过的冠冕、用过的雨伞、坐过的轿辇，以及刀枪、砍斧、长矛等古代兵器和从侵略者手里缴获的战利品。展示着的从古庙中发

掘出的11世纪的雕塑和其他画像等，保存完好无损。马尔代夫的第一台印刷机，还有古老的手工艺品，如石刻、木雕、漆雕等，制作上乘、图案优美，反映出马尔代夫人民的聪明才智和古老文明。展品中有支铜制长枪，虽已陈旧，但仍擦拭得非常光亮，上面的字迹也非常清晰。据说，这是16世纪马尔代夫的民族英雄穆罕默德·塔库鲁法努·阿拉扎姆（Mohamed Thakurufaanu）在抗击葡萄牙的入侵时，用这支枪击毙葡萄牙军首领，然后全歼葡军。这支铜枪，就成为马尔代夫人民追求独立和自由的象征。

这些不同时期的各式各样的古代收藏品，会让你了解到这个岛国独特而又丰富的文化和历史，也会让你对马尔代夫的历史财富有一个直观的了解。引起中国游客极大兴趣的是馆内陈列有中国明代的古瓷器和钱币，这些实物是马尔代夫从近海海底打捞上来的，是中国与马尔代夫的贸易往来古已有之的有力佐证。它也证明了郑和下西洋两次到马尔代夫的历史记载的可靠性。国家博物馆对访客和参观者都热情接待，讲解细致入微，每次都几乎通过馆藏实物把马尔代夫的历史通讲一遍，使人对马尔代夫的历史沿革有个全景式的了解，对马尔代夫悠久的历史产生实感，对东西方文化有个比较。一般游客只知马尔代夫是个游览胜地，却不知其竟有如此深厚的历史文化积累，竟有一座如此规模的博物馆。

（7）伊斯兰中心

宗教是一种文化现象，随着人类的足迹传播。伊斯兰教是马尔代夫的国教。几个世纪以来，伊斯兰教在方方面面一直主宰着马尔代夫人的生活。伊斯兰中心对马尔代夫社会的重要性是不言而喻的。

这座中心于1984年11月建成，三层建筑，包括一座足够容纳5000人聚会的大殿，即大清真寺的诵经堂，一个伊斯兰图书馆，还有会议厅、教室和办公室。

伊斯兰中心(Islamic Centre)是马累建筑史上最鲜明的里程碑，也是首都最醒目的地标。当你走近马累时，无论从马累市区的哪一个地点，无论从空中或陆地的任何方向，都能看到在绿树簇拥中一座高大雄伟、造型别致、太阳光下熠熠生辉的金黄色浑圆屋顶建筑。它在太阳当空照耀、绿茵映衬之下，特别是连同陪伴在侧的旋转环梯、用以瞭望和召唤信徒祈祷的高塔，更显巍峨壮观。

周围植被茂密，高耸的椰树、盛开的白兰、枝繁叶茂的各种热带花木，显出勃勃生机，衬托出此地宗教文化的兴旺。此中心的建筑象征着伊斯兰是支配所有马尔代夫人信仰的精神支柱，那阳光底下耀眼发亮的金色屋顶，就是伊斯兰教众心目中的灯塔。中心的大清真寺院，是马尔代夫人的精神家园，是每天必去的圣堂，是教徒们诉求精神寄托和灵魂归宿的宝殿。

（8）大礼拜寺

大礼拜寺（the Grand Friday Mosque），也称为苏丹穆罕默德·塔库鲁法努清真寺（Sultan Mohammed Thakurufaanu Miskiyy）。该清真寺建于1984年，由海湾国家以及巴基斯坦、文莱、马来西亚等国出资建造，是马尔代夫最大的清真寺，也是堪称世界一流的清真寺。该寺以其巨大的金碧辉煌的圆顶和高高的尖塔而闻名，是马累一道亮丽的风景。由于该寺与伊斯兰教中心（Islamic Centre）同在一地，又是同时修建而成，因此，也有人将星期五大清真寺与伊斯兰教中心统称为伊斯兰中心。该寺规模宏大，可同时接纳5000多名朝圣者，是马累穆斯林的主要祈祷中心。该寺除供穆斯林祈祷外，还具有多种功能，如讲经、召开国家重要会议等。这里还有伊斯兰教图书馆，藏有大量用英文和阿拉伯文书写的伊斯兰教书籍。该寺管理非常严格，游人进寺参观需要经过官方批准。

（9）星期五清真寺

星期五清真寺（Friday Mosque）又称胡库鲁·米斯基

（Hukuru Miskiyy）清真寺，是苏丹易卜拉欣（Ibrahim）于1656年建造，至今保存完好。该清真寺位于总统办公室的街道对面，从伊斯兰中心到该寺步行只需要两分钟的时间。清真寺采用取自大海的珊瑚建材、用曲线造型的工艺技术修造，独具一格。墙是用许多精雕细刻的珊瑚砖砌成并镶以金银丝精工修砌，墙上的石雕堪称是珊瑚雕刻艺术和传统手工艺的杰作——也许是世界上最好的珊瑚雕刻艺术。寺内雕梁画栋，大梁和天花板等最显著的地方，有大量雕刻、绘画，细密地雕刻着阿拉伯书法。顶部、窗户边框均为木质结构，多用柚木、紫檀香木和红木等各种名贵木料。圣殿有着厚重的木门，里面悬挂着各种木制灯笼，藏有丰富多彩的珊瑚石雕刻和大量的漆质工艺品。围绕着古清真寺有一处圣地，是埋葬历代重要人物的古墓群，墓穴覆盖着雕刻精工的长长的阿拉伯文珊瑚墓碑。寺内有大量的石碑，上面雕刻着许多纪念历史上有名的苏丹和有影响的贵族的碑文。

清真寺前面的尖塔叫穆穆阿鲁（Mumuaaru），被称为神奇的尖塔，用来召唤信徒祈祷。塔也是苏丹易卜拉欣于1675年修建，成为马尔代夫的标志性建筑之一，白色的建筑上仍可以

清真寺

清晰地看见《古兰经》的碑文。300多年来，马累的穆斯林阿訇一直在这座尖塔上向教徒们报告祈祷的时间，人们称其为宣礼台。1984年伊斯兰中心建成后，这座尖塔才完成了报时的使命。这里的伊斯兰教徒诚属最虔信者，一日祈祷五次。在这里你会看到，祈祷时段内许多人络绎不绝地到来，洗漱过后，鱼贯入厅，席地跪坐，静候阿訇诵读《古兰经》。厅内安静，氛围神圣，信徒神情庄严，充满虔诚，使人如入神灵圣境。你不管信不信仰真主，都会感到灵魂得到净化，感情更加圣洁。

在伊斯兰中心和大星期五清真寺（the Grand Friday Mosque）建成之前，胡库鲁·米斯基寺曾是马累穆斯林教众最多、教事最活跃、每天做祈祷的主要场所。

（10）麦杜·兹雅拉特圣殿

麦杜·兹雅拉斯神殿（Medhu Ziyai）位于星期五清真寺对面，是为纪念阿布尔·巴拉卡特·约瑟夫·阿尔·巴巴里而建的庙堂。据认为，巴巴里是一位来自非洲北部的伊斯兰传教士，1153年成功地使马尔代夫人民皈依了伊斯兰教。为纪念他的功绩，马尔代夫修建了这一圣殿。关于巴巴里的传说，在马尔代夫脍炙人口。相传巴巴里到马尔代夫传教时，当地岛民正遭魔患。为满足魔鬼的色欲，保住海岛安全，岛民们无奈之下，一年一度地抽签选送少女给魔鬼。巴巴里决计除魔救民，便化装成美女，高颂《古兰经》驱魔，结果根除了魔患，保住了海岛的平安。从此，马尔代夫放弃佛教，皈依伊斯兰教。

该建筑的形状与马尔代夫的各类建筑完全不同。整个建筑面积不大，也不很高，呈多面形，墙面为若干灰白相间、十分规则的竖形图案对称均匀排列，图形类似一些竖粗横细的"丰"字。顶部呈坡度不大的"伞"形。门厅上方是一个双层三角形，门厅外侧有一个"人"字形的装饰，"人"字中央立有一个像剑一样的装饰物，"剑"的正中与"人"字顶部相连。这里面的寓意已无人讲清。

（11）总统官邸

总统官邸（President's Office）是马累的重要景点之一。它综合了伊斯兰教和现代西方建筑风格，是马尔代夫独具风格的重要建筑。总统官邸在伊斯兰教的特定节假日，任何人都可进入，觐见总统，表示祝福。总统官邸原名穆里·阿格（Mulee-Aage），是受谨慎保护的古建筑物。它本来是苏丹夏姆苏丁三世（Sultan Shamsuddeen Ⅲ）在第一次世界大战前夕，于1906年为其儿子修建的一座宫殿，用于取代17世纪中期的一座宫殿。宫殿有铸铁门，细工浮雕屋檐以及精心设计、维护的花园。1936年5月该苏丹父子被废除流放以后，此建筑被宣布收归国有，宫殿变为民宅。在第二次世界大战期间，宫殿的花园里种满了各种蔬菜，以缓解食物的短缺。1953年马尔代夫民主共和国成立后，这个宫殿身价再起，变成了总统官邸，直到1994年一座新的总统官邸建成。

穆里·阿格现在则是总统府办公室。这座建筑并不宏伟，整个建筑为兰白相间格调，并拥有一个装修精美的门厅，大门也不壮观，岗哨则极具威严。见游人走来，哨兵即刻昂首挺胸、满脸庄重，极力显示出"威慑力"。但哨兵态度和蔼，准允拍照，许多游客争相上前一本正经地与哨兵并排而立照相留念。现住在里面的总统是穆罕默德·瓦希德（Mohamed Waheed）。他于2012年2月8接任。

总统官邸是马尔代夫的政治神经中枢。马尔代夫实行总统内阁制。总统集国家元首、政府首脑和武装部队统帅于一身，拥有全部行政权力，有权批准法律、召开国民议会特别会议、颁布临时法令、实行

总统府官邸

大赦、任命部长。

（12）苏丹公园

苏丹公园（Sultan Park）与国家博物馆等是联体景点。这里是过去王宫的南半部。苏丹公园种植着各种各样的热带花卉，也展出一些动物。全园花草鲜艳美丽、香气袭人，树冠茂密婆娑、遮荫避日，园内整洁有序，足见管理者的匠心。公园虽面积很小，建构布局简单，花木品类较少，但可为岛上人们增添些许生活情趣。公园内有一座幸存下来的王宫，这就是现在的马尔代夫国家博物馆。

1953年马尔代夫成立共和国时苏丹公园曾遭到破坏，今日这里虽只剩一座小小建筑，却依然比较完整地保留着古苏丹文化的精髓和古苏丹时期的面貌。附近的历史遗迹，记载了多种文化的交融，反映出马尔代夫历史结合了诸多文化结构的深层意义，也可以帮助人们去发现马尔代夫和西方文化的不同。

苏丹公园东侧的艾斯杰希画廊（Esjehi Gallery）是一座建于1870年的建筑。这座当年的贵族住宅，虽然建筑规模很小，但结构合理、设计讲究，所有房间都十分美观。墙上有保存完好的木质贴板，板上的精美艺术雕刻完好如初。这些雕刻不仅显示了一定艺术水准，也一定程度上反映出马尔代夫的社会生活。整座建筑就是一座设计和施工都很考究的工艺作品，很有历史价值和艺术价值，反映了马尔代夫人的建筑工艺和劳动智慧。这里已成为马尔代夫的美术陈列馆，有精美的传统木质雕刻艺术作品，还有自古以来历代名人的绘画作品和手工艺作品，这里还常常举办一些展览，并出售一些当代画家的美术作品。把这座建筑辟为画廊，是展览者和画家对其的妙用，它使展品和展馆互相增色、相得益彰，表现了当事人的睿智和巧妙创意。在当代商业意识充斥人们观念的环境下，创意就是效益、精神会变物质。游人只需花费20拉菲亚便可饱览马尔代夫的古今艺术精品，获得一次艺术享受。

2. 阿杜环礁——最南端的环礁岛

阿杜环礁（Addu Atoll），人口2万余，在首都马累以南大约478公里，由七座人工桥梁连接的居民岛和约20座无人岛组成。阿杜环礁长15公里、宽18公里，拥有全国最大的岛屿。这里炫目多彩的珊瑚礁构造也是马尔代夫群岛之最。阿杜环礁跨越赤道，将马尔代夫群岛延长至南半球印度洋最南端的海域。它拥有超过25个世界级潜水胜地，每一处都生活着种类繁多的海洋生物。主要潜水地点在Kuda Kandu角、Umarus和Kuda Hohola。常有灰礁鲨和白鳍鲨出没的Makunda和Muduka暗礁区，有"鲨鱼酒店"之称，在这里潜水会更加刺激。最负盛名的潜水胜地是位于水深33米处、140米长的英国"忠诚号"船艇沉没地，整个船身被黑珊瑚包裹。在这里潜水必须有潜水教练的陪护。

阿杜（Addu）是新建的市，从2011年才有大批游客光临。岛上的居民仍持原始的古朴风格。平日里这里相当清静，只有

深潜观看珊瑚

一些老人、妇女、孩子坐在路边麻编坐椅上聊天。他们见到外国游客表现出的平和与友善常让人感动。阿杜市以甘岛（Gan）为主体。甘岛周边礁岩，水深岸陡，面积2.649平方公里，原是英国的空军基地，设有马尔代夫的第二机场。机场所在的海岛是马尔代夫南部居民的集中居住区，本来是七个居民岛，互不相连，后建七座桥梁将其连接起来，方便交通，构成一体。这里的建筑、设施和房屋，多是英国遗留的基地旧址和营房、家属住房改造或重建而成。岛上只有一条沿海的大公路。两旁的房屋以平房为多，但各有特色。有的房子造型别致、颜色亮丽，多有小院，有的房子拥有大大的花园。这里是整个马尔代夫除马累之外最富庶的区域。很多人都是去北部淘金或度假村打工，积累了钱和经验后，回乡修建、经营度假屋。

（1）阿杜市国际会议中心

第17届南亚区域合作联盟（南盟）首脑会议于2011年10日至11日在阿杜市举行。为此，马尔代夫斥资百万美元新建了迄今最大的会议中心，可容纳3000人，并配备了现代化的设施。此外，还别出心裁地在会议中心附近堆积了八个象征性小岛，以代表南盟的八个成员国阿富汗、孟加拉国、不丹、印度、马尔代夫、尼泊尔、巴基斯坦和斯里兰卡。印度向马尔代

阿杜市国际会议中心

夫提供500万美元贷款，我国作为南盟观察员国，提供了价值190万美元的物资援助，包括用于安全监控的闭路电视等。与会各国的赞助、捐款、贷款及消费等，使阿杜得到大笔收入。同时，加强了各国间文化交流。马尔代夫从峰会开幕前就开展了一系列文化活动，在会议中心和机场展出马尔代夫传统手工艺品，来自南盟成员国的文艺团体均奉献多场带有浓郁地方风情的演出，中国表演艺术家也呈献了精彩的杂技表演。

（2）历史沧桑的甘岛（Gan）

甘岛位于马尔代夫南端，原隶属于阿杜环礁行政区，现属阿杜市。它是全国第六大岛，面积6.649平方公里，离首都马累约540公里，马尔代夫第二机场即在该岛。甘岛有一段沧桑的历史。它由于地理位置优越，战略地位重要，招致英国长期反复地占据。1941年，英国以防卫需要为借口，强迫迁移了甘岛居民，建立了一个巨大的英国空军基地。1944年以后，英国逐步放弃了甘岛基地的使用权，后又借故于1956年与马尔代夫签协议，恢复了在甘岛的军事机场，并租用机场100年。1958

甘岛国际机场

年2月起，马尔代夫政府开始同英国谈判军事基地问题，并提出独立要求，遭英国拒绝。英国军队登陆甘岛，并且策动叛乱，制造分裂，企图鼓动甘岛脱离中央政权。1960年马尔代夫政府被迫将阿杜环礁租借给英国，为期30年（从1956年算起）。这样，甘岛基地由英国当初的"强行占领"摇身一变成了"合法租借"。由此，马尔代夫又丧失了不少领土和主权。1965年，马尔代夫获得独立，英国被迫放弃了宗主国地位，但仍保留了对甘岛和希塔杜岛军事设施的使用权。

20世纪70年代中期，英国政府出于财政原因和防务考虑，被迫将租赁期由原定的30年缩短为20年。1975年，英国关闭了甘岛基地，1976年3月，英国最后一支部队完全撤离，甘岛才又重新回到马尔代夫人民手中。马尔代夫将其辟为吸引外资的经济开发区。

到甘岛，可寻古探幽、参观军营遗址，沿着历史的回廊，追溯马尔代夫的一段沧桑历史，是温故思古、历史研究的学术旅游的好去处。

（3）独一无二的香格里拉大酒店
（Shangri-la's Viuingili Rsort and Spa,Maldives）

香格里拉大酒店坐落在阿杜环礁，长3公里的西努岛（薇宁姬莉岛），由亚太地区最佳酒店连锁集团——香格里拉酒店集团一手打造，于2009年7月26日隆重开业。它坐落于风光旖旎的细沙海滩与葱葱郁郁的热带草木之间，被一望无际的海洋以及宽广、纯白沙滩所包围。因为环礁纬度靠近赤道，岛上拥有12公

INFO

距离机场路程：500 公里
房间数量：142
电话：+960 6897888
传真：+960 6897999
电子邮件：slmd@shangri-la.com
网址：http://www.shangri-la.com/en/property/male/villingiliresort

顷茂密的热带树林，恰如天然的屏障，隔开了每一间别墅。岛上也有三个潟湖，每一座都犹如受到大自然的着色般，呈现出红、绿、蓝三种色泽。

全新的香格里拉饭店总共有142间独栋别墅、7种不同类型的房间，既有私人海滨别墅也有热带树屋别墅，可供自由选择。各个房间皆配备有放映机以及咖啡机和室内、室外的淋浴设备。另外，各有一条隐秘的专属步道，通向你要去的蔚蓝无际的海边。

马尔代夫从过去"穷人世界"成为现今"富人天堂"。当你住进这片广阔无边、美轮美奂的天地中独一无二的别墅式酒店，看着那水清沙柔、椰林树影、宁静海域，确实让人犹如置身天堂。那里的宽敞、具现代感的环境，更能使你获得前所未有的体验。里面的全新设备、贴心服务、如梦境般的美景，都是香格里拉饭店的强项。精心荟选的美食与别出心裁的休闲娱乐及保健护理，更是经过精心设计、精心打造的，会带给你全新的感受。

香格里拉大酒店

马累北环礁度假胜地

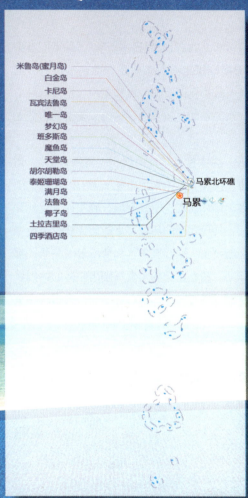

米鲁岛(蜜月岛)
白金岛
卡尼岛
瓦宾法鲁岛
唯一岛
梦幻岛
班多斯岛
魔鱼岛
天堂岛
胡尔胡勒岛
泰姬珊瑚岛
满月岛
法鲁岛
椰子岛
土拉吉里岛
四季酒店岛

马累北环礁

马累

1. 胡尔胡勒岛——马尔代夫门户

胡尔胡勒岛（Hulhule）位于马累岛东北部2公里处，岛上的马累国际机场是进入马尔代夫的门户。1981年11月11日，马累国际机场在总统穆蒙·阿卜杜勒·加尧姆的主持下正式启用，自此该机场在马尔代夫的旅游业中发挥着重要的作用。

该岛长度为1公里多，机场的全部设施，包括跑道、指挥塔、停机坪、候机大厅及地勤设备等，均在这一个岛上。此外，还有包括银行、药房、免税商店、换汇处、餐馆、邮局等相关配套设置。同时，对旅客提供急救和行李寄存之类服务。随着马尔代夫旅游观光事业的发展，每周有来自全世界16个国际机场的50多架次航班和包机在此降落。另外，这里也提供水上飞机接送服务。

马累国际机场

（1）繁忙有序的机场

该岛利用得很精巧，未浪费一寸土地。你不能不佩服当年在此建机场的决策者的睿智，也不能不钦佩机场设计者的精到，更不能不感叹飞机驾驶员的技术的高超。飞机降落时，庞大的机身在跑道上急速滑行，眼看机头探到海里了，但能平稳停住。飞机起飞时，起步就加速，机头几乎要栽到海里了，却贴着水面攀升。这使人抵离马尔代夫都要体验一次惊险的刺激和安然的欢悦。国际大型客机起落自如，小型飞机如雀飞燕翔，繁忙有序。游客走下飞机舷梯就可以立刻感受到舒畅的休闲气息迎面而来。从这里乘船到首都马累仅需十分钟。从停机坪步行五分钟即可到机场的海上码头，各岛屿饭店所专属的大大小小交通船早就响起轻快的引擎声在码头待客。近的岛屿只

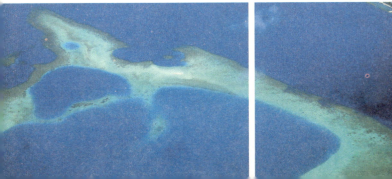

有20分钟的船程，远的岛屿甚至有长达4个小时的船程。来往当地岛屿之间的交通工具有多尼船、快艇、直升飞机或水上飞机等。旅客的交通均由当地的接待方安排提供，但须事先预约。作为连接各岛屿的重要交通工具多尼船，从船体、帆桁、钉、缆绳到帆都取材于椰子树。多尼船不仅承载游客，也承载着当地原住民2000年与海相处的历史。不少人下了飞机就登上多尼船，体验和感受马尔代夫民族这种传统物质文化遗产。

（2）胜利者号海难失事处潜水场

胡尔胡勒岛西侧35米深的海底，有一艘长110米的沉船，船体残骸与小岛平行，船首桅杆朝北。这艘3500吨的货轮叫"胜利者"号。1981年2月3日凌晨，该船满载食品、旅游用品

和建筑材料，在全速行进中撞到机场岛南的礁石上，不到一小时就沉没了，船员和乘客幸免遇难。此船是从新加坡驶来，运营不超过十年。尽管事发后政府立即调集当地水手和附近岛屿的潜水教练组成救援队，实施紧急救援，打捞物品，但因深海的巨大压力，加之水浸，物品损毁很多，连两

鸟瞰海岛

辆新汽车都被挤瘪压烂。直到今天，在船底、甲板推挤的废墟里，仍散落着许多被毁物品。30多年来，船体周围聚集寄居了大量的蝙蝠鱼、梭鱼、濑鱼和海龟。很多国内外游客到这里来潜水参观沉船的残骸。为方便大家参观，政府在沉船的方位设了浮标，用以停泊船只。此处被称为胜利者号海难失事处潜水场。

马累岛和胡尔胡勒岛之间的海流湍急，在此潜水必须要高度谨慎和缜密地准备，也需有丰富的经验。往返于海底和水面需借助于绳子，也要根据所带氧气估计潜水时间，要与沉船的船体保持一定的距离。虽然沉船舱门洞开，但不可进入，以免刮碰致伤。

2. 卡尼岛——蜜月天堂

卡尼岛（Kanifinolhu）距离首都马累20公里，从机场乘坐快艇20分钟左右便可到达。2004年印度洋大海啸之后重建的卡尼岛度假村（Club Med Kanifinolhu）就在这里。这里被视为有"地球上最后的香格里拉"之称的马尔代夫的标本地域，是蜜月旅游的首选。虽然在岛上有点与外界隔绝的感觉，但是没有太多人的打扰，则正凸显出岛上的静谧和特别光景。

（1）天堂的后花园

岛上到处都是花、到处都是树、到处都是绿、到处都透出生命力，仿佛随便朝地上丢根枝条，就能开出锦簇花团来。海

卡尼岛

水如空气般透明，空气如海水般清澈，珊瑚礁鲜艳夺目，海底世界充满奇幻色彩，岛上的一切都显得简单、自然、清新。所有的世俗烦恼在这清新如微风的感觉中消失得无踪影，安详与宁静也将灵魂洗涤如新。你会真的相信马尔代夫的沙滩海水是有灵气的。从踏上卡尼岛的那一刻起，似乎真的走进了天堂的后花园、走进了神话中的伊甸园。

（2）超豪华水上套房

卡尼岛独具特色。全新的超豪华水上套房建在"高脚屋"式的脚柱上，所有的套房都通过一座浮桥与陆地相连，让你仿佛置身于晶莹剔透的印度洋海水之中。每个私人套房都设有亲水露台，迈出门槛就能直接与海水亲密接触。沿着连接岸上的

栈桥踱步，嬉笑间便可到达餐厅和酒吧，享受味觉、视觉和感觉的美好。

（3）多种多样的休闲项目

卡尼岛度假村是泛舟游览和水上运动的理想乐园，如浮潜、独木舟驾驶，滑浪风帆以及扬帆出海。在这个不分昼夜的欢乐小岛上，水肺潜水是最佳的运动项目。与卡尼岛美丽的海洋生物一起遨游，欣赏晶蓝透彻的海水和醉人的风光，你将被大自然宏伟而神奇的画卷所震憾。

卡尼岛有多种多样的免费服务。水上活动中心定时开放，提供风帆、独木舟与帆船及驾驭教程，配以相关器材与救生衣。游泳池全天开放。泳池面海、贴近岸边，大池伴有童池，可供长幼同游同乐。泳池常有

卡尼岛

水中马球、水中有氧运动，以及竞赛等游戏娱乐活动。开放式健身房，提供伸展操、肌肉训练、有氧舞蹈、阶梯有氧运动等。此外还有羽毛球、篮球、沙滩排球、桌球、撞球、足球、国际象棋及法式铁球，夜间迪斯科则令人欢畅淋漓。

卡尼岛被公认为最大最好的休闲度假地，不仅是用品质和荣誉保证向游客提供最完善的奢华享受，还因诸多人性化考虑。全家一起去度假，享受亲子之乐，对于每个家庭来说是非常珍贵、快乐的时光。但是有些时候，父母们也想拥有一

点自由支配的时间。卡
尼岛特设了"宝贝俱乐
部""幼儿俱乐部""迷
你俱乐部"和"少年俱
乐部"。这些俱乐部专为
17岁以下不同年龄段的
孩子精心打造，为的是
父母们可以安心放下子

INFO

距离机场路程：20 公里
房间数量：240
电话：+960 6643152
传真：+960 6644859
电子邮件：kanccrec01@clubmed.com
网址：http://www.clubmed.com

女，尽享假期。卡尼岛是儿童俱乐部的先锋，不断构思各式各
样的新鲜活动，使小游客百来不厌。当父母们享受难得的自由
时光时，他们的子女也在妥善的照顾下，享受着欢乐时光，编
织着童话梦想，丰富着童年岁月。

3. 天堂岛——风景如画

天堂岛(Paradise Island Resort & Spa)是马尔代夫非常著
名的度假岛，它的奢华远超出你的想象。这里是一个五星级的
旅游胜地，岛上几乎所有的设施都代表着对太阳的崇拜。该岛
长约1公里，宽约500米，距马累国际机场大约10公里，从机场
乘快艇大约需要20~30分钟。

（1）风景如画

天堂岛上有220多套面向大海的海景沙滩套房和40座水上
别墅。沙滩套房建于
距海滨几米远的沙滩
上，而水上别墅则建
于潟湖里的支柱上。
220座平房都可以观
赏到优美的海景，并
可直接享用沙滩。而
所有的水上别墅都设

天堂岛

有私人日光甲板和通往潟湖的阶梯。跨出房门台阶，你就可以融入大海与沙滩的海天碧色之中。在这里会身历海岛的风云变换，从阴郁、狂风暴雨到晴空万里。最令人难忘的是那海的蓝色，和别处的海边不一样，那是一种纯纯的海蓝，船在海面上，像是悬浮在纯质的碧蓝绒面，让人过目就无法忘记。天上灿烂的阳光、湛蓝的天空，地上白色的沙滩、翠绿的树木，这才使你知道什么称为风景如画！这里四季天气不变，而每天则又如四季之变，一会狂风暴雨，一会阳光灿烂。

（2）一静一动，海滩欣看冲浪

在天堂岛散步观景是一种享受。该岛地势低平，海拔很低，海边水陆没有悬差，珊瑚沙平整松软，行走起来非常惬意。沙滩上各式各样的贝壳，颜色鲜亮、形状别致，游者心中不由得赞叹大自然的神奇功力，造化出如此精美的艺术品。海

天堂岛

水近处翠绿、远处湛蓝，水面游艇如织，一些勇敢的滑水冲浪者如游龙戏水，时而挺立浪顶，时而钻进浪底，动作惊险壮美。当巨浪迎面扑来，他们一跃冲去，立即蹿至十几米高，然后被卷入浪下，潜进深深的水中，久久才在远处冒出。观者无不为之叫绝，赞叹他们是玩惊涛骇浪于股掌之中的弄潮儿。这些人不仅是挑战大海，而是在挑战人类的水性和体能极限。每天太阳快下山的时候，冲浪点总是聚集了不少冲浪爱好者，到近旁岸边坐坐，

欣看冲浪

天堂岛海滩

看看冲浪，真是精彩极了；看看夕阳，真是美丽极了。景观、心情好不美哉！

附近的天堂礁潜水场（Paradise Rock），柔软的珊瑚围绕着峰状珊瑚礁，有许多大型海洋生物，如拿破仑濑<u>鱼</u>、海龟、<u>鲨鱼</u>、披风鱼。潜水一游，可充分体验水宫天堂。

（3）特色餐饮

该岛有五家餐饮馆，分别为意大利餐馆、海鲜餐馆、日本餐馆和咖啡馆。除日本餐馆定时开放外，其他餐馆都日夜开放。在这里你可以从容自在地享受特色的菜肴：一份海鲜大餐，伴着夕阳落日，饮着浓浓的美酒，沐着柔柔的海风，细细品味这人间天堂。此外还有四个酒吧，供应酒类、无酒精饮料和各种鸡尾酒。你也可以在海边的咖啡馆消遣海边的美妙时光。这里还拥有多种海上娱乐设施供游客选择。

INFO

距离机场路程：10 公里

房间数量：282

电话：+960 6640011

传真：+960 6640022

电子邮件：info@paradise-island.com.mv

网址：http://www.villahotels.com

4. 梦幻岛——冲浪胜地

梦幻岛（Chaaya Island Dhonveli）是一处独立小岛，人们称它为梦幻岛，可见人们在此感受到的意境和美丽。它距马累国际机场大约13公里，乘快艇需20分钟。该岛位于马累北环礁东部，其美丽的热带风情、独特而地道的马尔代夫式的建筑风格，与大自然浑然一体。梦幻岛上的水晶粒般的白色沙子，特别清洁松软，走在上面如履毛毯，像足底按摩，身心舒服自在。梦幻岛上的服务特别到位，他们的热情和友好真使你"宾至如归"，帮助你实现任何美好的愿望。在梦幻岛，游客预订的房、预约的事，都会被安排得停停当当，来度蜜月的男女都像重温婚姻殿堂一样。这里一大特色就是房间类型多，供不同人按需选择。虽然同是四星级酒店，但其水上屋的价格远低于其他酒店，在"性价比"最高的房间，配备了各种便利设施。各类房间和设施是根据来自世界各地的游客的不同需求而设计。

梦幻岛日出景观

梦幻岛

（1）世界著名的冲浪度假胜地

　　梦幻岛是个冲浪胜地，很多欧洲人都是带着自己的冲浪板来的。它在开放旅游之前以Tari村庄而闻名。Tari村庄是一个世界著名的冲浪度假胜地，拥有主办世界冲浪竞赛的资格，并曾在此举办过世界冲浪比赛。这里的Pasta Point（冲浪点）是专门为冲浪的客人而预留的，从房间步行只需几分钟即可到达海边。其他的冲浪点则需十分钟的船程。从梦幻岛观看波浪，有时像"钱塘观潮"，有时像"长江逐浪"，随时可以了解波浪

勇敢的冲浪者

情况，掌握到最佳逐潮搏浪时刻。在此岛还可以作岛际游览和购物观光，也可以参加其他潜水胜地的潜水。进行温泉泡澡、健身美容、专为冲浪游客提供的体育按摩，可充分消除疲惫、放松肌体和心情。

INFO

距离机场路程：13 公里
房间数量：148
电话：+960 6640055
传真：+960 6640066
电子邮件：dhonveli@chaayahotels.com.mv
网址：http//www.chaayahotels.com.mv

（2）浪漫不打折的婚礼仪

梦幻岛以筹办特色的婚礼仪式闻名，很多情侣都慕名在此度过了他们一生中最难忘的时刻。这里高档的房间、低价的收费，特别受游客青睐，到过该岛的游客称，房费打折但是浪漫不打折，绚丽的落日、满天的繁星、飘飘欲仙的"水中楼阁"……无一不让人魂牵梦绕。

5. 魔鱼岛——寻古探幽

魔鱼岛（Giraavaru Tourist Resort）又称吉拉瓦鲁岛旅游胜地，位于马累北环礁区，距离马累国际机场11公里处，乘一般的小渔船到该岛大约需要45分钟，乘快艇则只要20分钟。这是一个充满历史气息的岛。它曾经是马尔代夫群岛的最早居民吉拉瓦鲁（又称魔鱼部族）部落的祖居地，因而得名。传说一个王子名考马拉（Koimala）和他的妻子（位于如今斯里兰卡国家的国王的女儿），在一次航行中停留在北马洛斯马杜卢（Raa Atoll）。他们被邀请做了当地的统治者。后来考马拉和妻子经过吉拉瓦鲁部落的同意，定居

INFO

距离机场路程：11 公里

房间数量：66

电话：+960 6640440

传真：+960 6644818

电子邮件：giravaru@dhivehinet.net.mv

网址：http://www.giravaru.com

人文地理

在了马累。现在人们仍然可以通过衣着和发型来辨认出吉拉瓦鲁部落的人，但他们只剩下几百人了。他们居住的吉拉瓦鲁岛，现在已经成了离马累和国际机场最近的一个旅游胜地。这是在马尔代夫寻古探幽的好去处。

　　魔鱼岛的周围是一片美丽的白色海滩和清澈透明的蓝色潟湖，附近还有个北马累地区最好的潜水地点。魔鱼岛上的美丽风光、美丽传说和在岛上旅游度假的美好感受，被人们赞为"美轮美奂""无与伦比"，因此它获有"梦之岛"的美誉。

　　魔鱼岛上有66间现代化、装修豪华的客房。房内有冷热水、小型酒吧、长途电话等旅游饭店必备的设备。

6. 法鲁岛——水上运动天堂

位于马累北环礁的法鲁岛(Club Faru)是印度洋中一个充满罗曼蒂克的小岛，也是马尔代夫最佳的潜水、浮潜的天堂，也被称为风帆、风浪板等水上运动初学者的天堂。它距离马尔代夫首都马累仅2公里，乘快艇只需20分钟左右。尽管全岛只有1200米长和450米宽，但是岛上拥有着6万平方公里的白沙滩，还有郁郁葱葱的热带植被和数以百计的椰子树及密布的棕榈。人们可在那里享受最佳的海岛时光，让人全然遗忘了世界上的其他角落。岛上的酒店原属Club Med Faru，曾受到2004年底的海啸影响而闲置，2005年底重新开张，由Fihalhohi的经营者经管。酒店的设计比较简单，但房间却颇具当地特色，简约风格独特，一栋栋的沙滩屋掩映在椰林树影下，别具风情。

（1）情侣青睐之地

到这座岛旅游的，除了不少新婚夫妇外，还有结婚30—40年的"老夫妻"。对于"老夫老妻"来说，相伴着坐在海边的白色沙滩椅上谈天说地，或者牵手漫步在海边，都有另一番

法鲁岛

景致、另一番情怀。于是，在清晨和黄昏，总能见到那一对一对相互扶持的身影，漫步在沙滩上。那时阳光灿烂而不燥热，海风轻柔却有力，那份宁静使人忘却了岁月的痕迹。

多样的水上运动

（2）丰富多彩的水上娱乐

来到法鲁岛，无论你是初次体验潜水还是想尝试深潜，都没有理由不去拥抱海洋，也都不要错过了每天两次的免费浮潜机会。这里还有风帆、帆板、独木舟和滑水等许多项目，你会发现这些活动都是需要靠个人的毅力和体力及体能去和大海"对话""搏彩对弈"。这些

法鲁岛酒店

项目对你可能是十分陌生的，但完全不必担心，岛上会有专职教练手把手地教会你为止。岛上的所有水上娱乐项目都是免费的，游客只需预约就可以参与、尝试。潜

INFO

距离机场路程: 2 公里

房间数量: 152

电话: +960 6640553

传真: +960 6642415

电子邮件: clubfaru@dhivehinet.net.mv

网址: http://www.clubfaru.net

水是每个到法鲁岛的游客最热切期盼的，很多潜水爱好者把到马尔代夫潜水当作一生的梦想，而法鲁岛是马尔代夫众多岛屿中最佳的潜水点之一。和爱侣从容地拍动蛙鞋，进入万籁无声却又生机盎然的海底世界。在碧如翡翠般的孔雀蓝的海水中浮潜，就像在水晶里游泳一样令人舒畅。法鲁岛的水底世界美丽得令人屏息，斜光透入湛蓝的水中，色彩斑斓鲜亮的热带鱼环游在你的身边，人、鱼儿混合着翔游在淡淡的浅蓝色海水中，有说不尽的和谐。

7. 班多斯岛——自然而现代

班多斯岛（Bandos Island Resort & spa）亦称半都岛旅游胜地，位于马累环礁，距马累国际机场只有7公里，乘快艇20分钟，乘坐当地的小艇45分钟就可以到达。

（1）自然而现代的旅游区

班多斯岛被绿荫环绕，数不清的葱绿棕榈树和白细珊瑚沙覆盖全岛。那里清澈透明的海水与碧蓝的天空交相辉映，美不胜收。班多斯岛的珊瑚礁是马尔代夫最好的几个之一，距沙滩只有40—60米远。自然与现代相融合的酒店设计风格，给每个住在这里的游客留下难忘的记忆。班多斯旅游胜地是一家五星级的旅游饭店，建于1972年，是马尔代夫建立最早的两个旅游区之一。印度洋海啸后重新修建的工程，使班多斯岛摩登而更加舒适。酒店接待前台、大厅、商店，所有的餐厅、酒吧，以及新建的泳池等，所有设计风格都很艺术且与当地文化相融合，保持着"马尔代夫的原味"。岛屿北部原来的房屋，被舒适而时尚的独栋的水上海景豪华别墅所代替。班多斯岛上热情周到的服务，可以满足不同的需要。它的潜水培训学校在整个马尔代夫是最有名的，因为它不仅有各种完善的潜水教学和潜水装备，还有最好的潜水医疗设备和两座高压氧舱。这家度假

班多斯全景

村曾是2000年世界小姐选美大赛的指定地点。

（2）齐全的设施配备

目前饭店设有三种档次的客房，即标准房、中套房和大套房。其中，标准客房有175间，房内备有两张睡床；中套房有42套，内分厅和卧室区，备有皇式大睡床；大套房8套，

INFO

距离机场路程: 7 公里

房间数量: 225

电话: +960 6640088

传真: +960 6643877

电子邮件: sales@bandos.com.mv

网址: http://www.bandosmaldives.com

内分厅和卧室区，备有皇式大睡床，另有高档用具。各类客房均有小型酒吧、国际长途直拨电话、空调、沙滩床及靠背椅、冷热水浴室、吹风机。此外，在套房和中套房里还有卫星电视、制咖啡设备、冷热水两用超大浴室。

附近的香蕉崖潜水场（Banana Reef）是马尔代夫发现较早的著名潜水场，吸引了多家岛屿饭店，如古伦巴岛、满月岛、麦德俱乐部、班多斯等在此开设潜水点。这里还可以看到真鲷鱼群。

帆船

8. 泰姬魅力岛——宁静奢华

　　泰姬魅力岛（Taj Exotica Resort & Spa maldives）由印度著名的酒店品牌Taj所管理，服务人员一半是马尔代夫本地人，一半是印度人。它位于马累北环礁的Emboodhu Finolhu岛，离马累国际机场8公里，坐快艇15—20分钟即可到达，是距离机场最近的岛屿之一。该岛是由东北伸向西南的狭长地带，空中看去像一只倒伏的长靴。北部向西有一条长长的笔直栈道，通向数百米处一座用于垂钓和浮潜等娱乐的建筑。

人文地理

岛的南端是一圈房子，像一朵花瓣绽放的花。这里是酒店的一处客房，不远处是游客中心服务区。岛的东南方向是偌大的客房区，整体造型美观，沿着一个巨型橄榄球型的环形栈道圈是座座独立而衔接的亭亭立于水面或礁石上的房子。每处房子都有甬道通栈道，从上方看去像一串树叶，甬栈道路恰如规则且匀布的叶脉。岛上郁郁葱葱的热带植物与扑面而来的海洋气息造就了度假村浪漫宁静的环境。宁静与奢华，看似矛盾的两者，在这里完美地融为一体。

（1）度假别墅规格多样

这里一共有64幢度假别墅，大部分都坐落在浅海的珊瑚礁上，包括水上屋和海景屋，房型分6种。

水上别墅：共24套，每套面积为71平米，是建筑在环礁湖上的联体别墅。每套房有单独的日光浴甲板、休闲椅，并有梯子直接下到海里。洗手间拥有双盥洗台，无论你选择浴盆还是淋浴，望出去都是波光潋滟的印度洋。这些房间住起来舒适惬意，朝夕阴晴清爽无虞，掬一捧碧水亮如碎银，晶莹清澈，使居者心悦神爽。

豪华水上别墅：共31套，每套60平米。与水上别墅不同的是，它们是独幢别墅，而房间内的装修、装饰更豪华一些。其中有10套带有独立的游泳池，游泳时可以欣赏到壮美的印度洋。走进卧室，柔和的灯光、艺术的装点、美观的陈设、考究的家具、阔绰的床铺，烘托着典雅、大气与温馨。这种气息与氛围，诱惑着你的美感和情悦，年轻人不由自主地就会产生亲昵情绪。这种格调和软件、硬件设施，与新德里的豪华泰姬酒店别无二致。

豪华礁湖别墅：建筑布局呈扇状散布，每一组别墅的末端都设有一个私人码头，提供给客人最大限度的私人空间。别墅设施和阳台或露台与其他无二，只有带有户外浴缸设施的浴室有所不同，躺在浴缸如浮海上，满目蓝天，宛若飘忽于天地之间。礁湖别墅建在高脚柱上，房屋下是礁湖的海水。有木质的甬道伸展到别墅的门口。外观是原始风貌的草棚，内里是现代水准的空间。室内、外设备一如其他，住在里面既是野居、又是享乐。

带泳池的豪华沙滩别墅：仅有4套，每套面积89平米，距离泻沙湖只有5米。拥有大游泳池和一个带围墙的热带花园，并可在花园内享受淋浴。室内具有现代生活方式所必须的一切设备和条件，室外有阳台或露台，远眺近看心旷神怡。豪华海

人文地理

滩别墅，朝向广阔质朴的白色沙滩，远处则是像绿宝石颜色一样清澈的礁湖。在露台观赏广袤的海洋和白色的渔帆，宛若自己是站在迎风行进的舰船上，将军般威风凛凛地指挥着洋面上的一切。室内设施、用品高档，一应俱全。

　　带泳池的沙滩别墅大套房：每套159平米，贴近泻沙湖，拥有单独的庭院和带围墙的热带花园及花园淋浴设备。主卧室有卫生间和日光浴阳台。通往阳台的大型巨幅玻璃拉门配有色调谐和的双层拉帘，开关自如、随心所欲。打开门、帘，室内和大海一体，躺在床上像仰卧在洋面上，海风习习拂面、温柔凉爽。关上门、帘，增加私密感，形成别样世界，室内室外两重天。

　　总统别墅：是最豪华、最严密的房型，面积450平米。起居室，主、客卧室，卫生间和阳台，日光浴甲板，泳池凉亭，

酒店内部景观

一概齐备，还有个玻璃浴室可以远眺印度洋。玻璃浴室的构思颇具匠心，甚而是"天才的创造"。它不仅使人产生犹如海浴的感觉，

INFO

距离机场路程：8 公里

房间数量：64

电话：+960 6642200

传真：+960 6642211

电子邮件：exotica.maldives@tajhotels.com

网址：http://www.tajhotels.com

充分享用海天连体的美丽壮观的大自然，也使人产生向大自然展示健康体魄与美姿的自豪感。浴室的设备和用品应有尽有，就其电气化、自动化和保健作用来说，当属一流，不做细心的观察和琢磨，往往不会用。

这些别墅因等级、规格不同，设备、条件有别，提供的用品质量不一，但住起来的舒适度相差不大。室外原始古朴的热带风物与室内现代化的生活设施和条件，虽然存在巨大的反差，但通过人的愉悦观感，也达到谐和与平衡，既接受热带风光的大自然的陶冶，又享有现代优越物质条件的生活方式，确有天人合一、古今相糅、置身仙境般的飘然若仙的感觉。

（2）配套服务

水上别墅建造在礁湖之上，海洋景致的壮阔一览无遗。海景豪华别墅室内、室外均拥有宽敞舒适的空间，在宽广的大阳台和私人的日光甲板上，可观赏海滩的美景，尽享日光浴；在席梦思床上躺着，可安享独特的岛上宁静。屋里的空间设计优美和浪漫，颇有艺术的感染力。室内条件齐备，自控冷气、古典吊扇、观海浴缸、迷你酒吧、盥洗淋浴、冷热淡水、国际电话、国际网路、咖啡制机、安全系统、洗理用品、浴袍拖鞋、卧床躺椅、卫星电视、DVD/CD/MP3播放机。

酒店服务周到，全天候安保、代存物品、外币兑换、邮寄快递、电话传真、导游迎送、商务服务应有尽有。

人文地理

休闲娱乐是酒店的重点项目。在健身中心，有台球案台、图书馆、按摩房、游乐场、SPA（水疗美容与养生）台、游戏室。水上运动则有游泳池、潜水台、精品屋、高速游艇、环岛旅游。

（3）美味餐厅

酒店设有亚、欧、日式料理的复式餐厅，各种美味佳肴，包餐、零点随意自如。餐厅格调幽雅别致，在紫玫瑰为主色调的笼罩下，整个环境像在深蓝宝石中。晚餐时刻，脚下海水波光粼粼，杯中红葡萄酒映着灯光，人影绰绰，似在幻境。人们在这里围着圈式餐台，乐融融地饱尝口福，满足于味觉，更是钟情于一种精神享受。"赤道酒吧"的木质条形地板几乎贴在水面探入大海，四周不设护栏，人在上面既绿色环保，又感觉自然，恰似在木筏舢板上，随着海水的微波荡漾，感到脚下也在摇晃。一杯美酒咽下，精神亢奋，谈兴大发，朋友们可谓在海阔天空之中，海阔天空地神侃闲聊，意识中会失去任何时空概念。

9. 满月岛——蜜月佳地

（1）海誓山盟的好地方

满月岛（Sheraton Maldives Full Moon Resort & Spa）是中国游客最熟悉的岛屿。该岛位于马累北环礁，从马累坐快艇需20分钟。满月岛"喜来登度假村"是座可尽情享受艳阳、白沙、海水的五星级酒店，住在其中不但可体会与海融为一体的感受，并能够倾听马尔代夫海水潮来潮往的声音。所以满月岛已经成为新人蜜月婚礼、海誓山盟的好地方。白天你可在海滩散步、戏水，到健身房锻炼，到网球场大显身手，或者给自己来次挑战，试试冲浪、潜水、航行等水上活动。夜晚，正是浪漫时刻，在露天酒吧品味色彩鲜艳的鸡尾酒，和着音乐节奏扭动身躯、活动筋骨。若到卡拉OK室高歌一曲也不错，或静倚在露天吧台上凝望星辰，体味夜的滋味。兴致之下，你可纵身一跃，跳进具国际水准的游泳池，让透心的凉意滤去世俗的烦嚣。从旅客抵达的那一刻开始，满月岛就提供体贴入微的服务，直至你依依不舍地离开马尔代夫为止。

在满月岛西北的坎多吉里（Kanduogiiri）和班多斯岛

浪漫的密月场景

(Bandos Island)的中间，有处潜水场，叫欧克贝地拉(Okobethila)。那里有许多海底洞穴，地形奇特有趣，常见几百条聚集成群的大头鱼，依潮水流向奋力游动。

（2）商旅佳地

酒店有水上房屋及其他客房共150间，房间内有冷热供水、吹风机、小酒吧、国际长途直拨电话、电视。这里的餐厅和酒吧环境优雅，餐饮质量上乘。在满月岛度假、开会对于商务旅行、商业会议的旅客是暂时脱离办公室的繁杂公务，充分享受豪华、沐浴海洋的绝佳机会。人在愉悦的时候，思维容易产生积极的思想成果，言商、洽约，易于沟通和成功。许多商旅之士，在遇到业务瓶颈时，常相邀到此，在轻松的言谈话语和愉快的情绪中，顺利获得满意的成果。所以，来这里的商旅客人比较多。

INFO

距离机场路程: 16 公里
房间数量: 176
电话: +960 6642010
传真: +960 6641979
电子邮件: Sales.maldives@Starwoodhotels.com
网址: http://www.sheraton.com/maldivesfullmoon

满月岛

10. 椰子岛——名副其实

椰子岛（Kurumba Maldives）又名库伦巴岛，岛上建起库伦巴度假村后，就有更多的人以度假村的名字称之。其实这是个极小的珊瑚岛，只有0.3平方公里，位于马累北环礁。碧海、蓝天、白沙，是该岛最具特色的自然景观。环岛为米白色的沙滩，外面的一圈海水呈米色、蓝白色，远处的海水呈深蓝色，一直到极远处与天空相接，相接成一条线，天水分明。岛上大部分地方是草木植被，繁花如锦，外地游客叫得出名字的只有椰树。岛上用心栽植的椰子树，既体现了名副其实的"椰子岛"的风貌，也避阳乘凉对人们的眼睛予以最好的养护。大片的树影遮阳，犹如天然的遮阳伞。无拘无束的度假者可以坐在树荫下静静地看书或聊天，任轻柔舒爽的海风吹拂；也可以躺在白色的海滩椅上，尽情享受日光浴。

（1）外国政要青睐的地方

五星级的库伦巴度假村是岛上唯一的现代化的休闲别墅。它建于1972年，耗资2000万美元，是马尔代夫建成的第一个旅游度假村，也是第一个五星级旅游胜地。该度假村距马累国际机场仅3公里，乘快艇仅需10—15分钟，交通非常便利，是国际政要在马累经常指定的主要住宿地点。美国前总统克林顿造访马尔代夫时曾下榻此饭店。

岛上没有居民，全岛就是一家酒店。码头是座搭建在海上的大凉亭，一条栈桥与陆地连接。亭下与桥下均有大灯照射水面，海水清澈见底，各式各样的鱼在水里游动，其情其景，犹如梦境。上岸即是接待大堂。游客办完手续，坐着电瓶车，在树摇影晃的小道上蜿蜒穿行，片刻就进入了一片宁静的村落，小别墅座座比邻。丛林间散布着几十座平房，小的就是标准房、套房。较大的院落为皇家套房，唯一一栋两层楼房是总统套房。其他大房子为大堂、餐厅、酒吧等，多聚集在码头边。

（2）隐掩在绿树丛中的奢华

库伦巴度假村有180间各式客房，其中有4套总统套房，14套小型套房。此外还有一个能同时容纳300人的大型会议厅。该饭店环境清幽舒适，每间屋都有极佳

INFO

距离机场路程：2 公里

房间数量：180

电话：+960 6642324

传真：+960 6643885

电子邮件：kurumba@kurumba.com

网址：http://www. kurumba.com

的视野。别墅均环绕海滨而建，隐掩在绿树丛中，户型分为独立小屋与双层式建筑，都面临沙滩，打开房门，十来步路就到沙滩。你随时可以跃入海中，自由自在地尽情畅游。房门口都有一个小巧精致的花园。走进房间，空调敞开，室温适度，摆设相宜，色调雅致，六尺大床上鲜艳的花瓣铺成吉祥图案，显得大方美观。茶几果盘内装满各色热带水果，展示出酒店的热情好客，让住客顿觉温馨惬意。盥洗间的门带锁扣，推门而入，热气扑面，原来卫生间竟是露天的，淋浴区域和盆浴区域对外敞开，与一个小天井连接。这些都是独具的特点。室内有咖啡炉、吹风机、国际长途直拨电话。饭店设有淡水游泳池、商务中心、国际网络中心、购物商店、保姆房、钢琴酒吧、卡拉OK、海滨烧烤，并提供首都游和列岛游等。一切都是那么方便，一切都是那么合人心意。

饭店的和谐中心（Harmony Centre），提供风行欧洲的健康的、天然的芳香疗法护肤与按摩，包括全身或半身芳香精油按摩、瑞典式按摩，芳香法脸部护肤、按摩，马尔代夫传统式白沙按摩，印度式按摩、足底按摩、指压，等等。和谐中心之资深理疗师，皆来自英国国立健康服务中心，均有多年的理疗经验。在这里不分男女都可以享受到集岛屿休闲、养生、美容、抗压、舒缓身心、健身运动为一体的度假方式。这些深为欧洲人所青睐。

11. 米鲁岛（蜜月岛）——蜜月胜地

　　米鲁岛（Meeru Island Resort）又称蜜月岛，位于马累环礁北部的最东面，建于1978年，距马累国际机场45公里。

　　米鲁岛旅游胜地设有标准房、陆上别墅、水上别墅和蜜月套房等多种客房，共有454个旅游床位。其中，标准房有5幢，每幢有58间单人房，全部面对海滩。陆上别墅坐落于海边，共有138幢设施完备的别墅，房间宽敞、空气清新，透过落地窗可以看到

INFO

距离机场路程：45 公里

房间数量：286

电话：+960 6643157

传真：+960 6645946

电子邮件：reservations@meeru.com

网址：http://www.meeru.com

人文地理

漂亮的海景。床边配有精致的
纱布台灯，宽敞的衣柜与浴室
相连。水上别墅共有29间，房
间内有一张大而舒服的藤床、
咖啡台、浴室、小花园。蜜月
套房设施齐全，坐在室内透过
法国式的窗户，洒满阳光的甲
板、美丽的礁湖等尽收眼底，
让游客悠然自得、赏心悦目。有这样一个没有都市的喧嚣、
没有马路上的车水马龙、没有遍地的高楼大厦的小岛享受蜜
月，白天可以观景、晚上可以垂钓，还可随时在沙滩上漫步
或者在水晶蓝般的海水里游泳，随心所欲地尽享二人世界，
实在是美妙至极。

12. 唯一岛——"全球度假第一村"

唯一岛（One & Only）全称为One&Only Reethi Rah，它在Condé Nast Traveller英国读者旅游大奖颁奖礼上荣膺全球度假村第一位，同时夺得另外两项大奖，其中包括中东、非洲及印度洋区最受欢迎海外消闲酒店，以及环球最受欢迎海外酒店水疗中心。岛上没有马路，没有高楼，除了旅游度假的必需品外，就连现代人每日不可或缺的物品也通通没有。在这里，时间被正大光明地用来浪费，太多的阳光、太蓝的海水，如此美艳绝伦的景色会使任何人陶醉不已。

这里有沙滩屋和水上屋。所谓沙滩屋即是建在沙滩上，门一打开，就对着沙滩。只要兴致一来，你随时可以沿着数百米水深及膝的海边，追逐或喂食清澈海水中缤纷的热带鱼。水上屋就是直接建筑在海上的小屋，屋边就有阶梯可随时走下小屋，坐在海水中，让海水一波接一波袭来。望着白云蓝天或繁星夜空，感受重归自然的安静，仿佛自我已是宇宙中不可分割的一部分。置身于洁净无瑕的天地，令人想宽衣疏带，挣脱一切的束缚与大自然亲吻交融。感动之余，不妨再进屋内独立的敞亮露天浴室中，坦然赤露地面对自然。

INFO

距离机场路程：35 公里

房间数量：130

电话：+960 6648800

传真：+960 6648855

电子邮件：reservations@oneandonlyresorts.com.mv

网址：http://www.oneandonlyresorts.com

13. 土拉吉里岛（蓝色美人蕉）——浪漫隐秘

　　土拉吉里岛（Thulhagiri Island Resort）是1980年开发的旅游点，位于马累环礁行政区，距离马累国际机场大约13公里，从机场乘快艇大约需要15分钟。这座小岛由白色的海滩围绕，岛上覆盖着浓郁修长的棕榈树。满目高耸挺拔的棕榈树和明媚清澈的蓝天白云，使游客无不感慨地称赞这里远胜于美国

南部迈阿密的西棕榈滩。

　　土拉吉里岛是一座充满浪漫气息的热带岛，很适合那些想找一个隐秘的小岛度假的游客。该岛有57间散布于岛上的客房，房间都极其宽敞。另外还有15座漂亮的水上平房。在此无疑会享受到绝对的安静。

INFO

距离机场路程: 13 公里

房间数量: 72

电话: +960 6640014

传真: +960 6645939

电子邮件: info@thulhagiri.com.mv

网址: http://www.thulhagiri.com.mv

14. 库达呼拉岛四季酒店——独特风情

库达呼拉岛四季酒店（Four Seasons Resort Maldives at kuda Hura）原本是蕴藏在这个蓝绿交错的礁湖海域中的一座私人珊瑚岛，自在该岛建了四季酒店后人们就只知酒店，忽略岛名。当你登上岛后，会发现一个纯属马尔代夫式度假村的魅力。从茅草屋顶和木材架构到美丽的白色的石头墙结构，四季酒店运用了数世纪前当地使用的建筑材料和本地工匠建造的技术及其全部建筑的细节，充分展现出马尔代夫群岛的真实感觉，让旅客有一份完美的风情体验。这里将提供

INFO

距离机场路程：20 公里
房间数量：96
电话：+960 6644888
传真：+960 6644800
电子邮件：reservations.mal@fourseasons.com
网址：http://www.fourseasons.com/maldiveskh/

齐全的酒店设施

给你一个广阔、原始、纯静的环境，白色的沙滩视野和海景豪华泳池别墅的特色住处。在别墅甲板上的泳池中，视野无限延伸，海景尽入眼帘。

在水岸餐厅，颇具创意性的装潢古朴而新颖。餐厅用鱼网、船钟、方向舵及航海世界的其他传统珍品来装饰，营造出独特的视觉感受。来自四面八方的海风让人舒适慵懒，完全是一番休假的感觉。这里供应世界上最好的海鲜，如龙虾、青蟹、海对虾等。

库达呼拉岛四季酒店

15. 白金岛——白沙绿洲

白金岛(Adaaran Select Hudhuran fushi)位于马累环礁北部,距离马累国际机场约19公里,乘坐快艇30分钟即可到达。Hudhuran是个衍生词,hudhu的意思是"白色的","ran"的意思是"金子",Hudhuran Fushi被意译为"白金岛"。

白金岛是一个非常好的度假景点,由一大片湛蓝的湖水与雪白的海滩所组成。白金岛度假酒店被环绕于茂盛的棕榈树之中,周围可以看到许多不同种类的热带动物与植物。无论你是来此娱乐、寻找世外桃源,或者体验浪漫,该酒店都是你较好的选择。在这个白沙之中的绿洲上的酒店,每栋海滩别墅前都有一条砂石铺设的小路,蜿蜒细长,通往海边。这是修建者独具匠心,通过艺术构思设计的。曲径两旁的鲜花绿草,吸引着你的注意力,兼顾脚下路况,不觉来到海边,一抬头眼前出现广袤的大海,景色和感觉赫然大变。这种景致的反差和情绪

的起伏，正是设计者创意中追求的效果。酒店房间装修比较现代，设有4家不同风格的餐厅可供选择。你可以在此享用世界各地的美食，可以在任何时间段消遣于酒吧。

这个岛虽离国际机场不远，但不少人愿意乘水上飞机，提前享受到在水上飞机里观景的乐趣。当飞机低低地飞过碧蓝的海面，旅客可在飞机上一路欣赏海上的小岛，美不胜收。降落时，水上飞机擦着海面滑翔，然后停靠在海上的一个浮台上。岛上的度假村的接机代表早已等候在那儿，恭敬有礼地把旅客迎上船，送往度假村。

INFO

距离机场路程: 19 公里

房间数量:137

电话:+960 6641930

传真: +960 6641931

电子邮件: info@adaaran.com

网址: http://www.adaaran.com

这种贵宾似的礼遇接待，一下就给游客宾至如归的感觉。

马累南环礁度假胜地

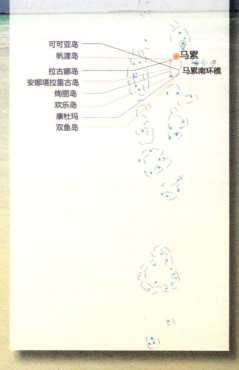

可可亚岛
帆渡岛
拉古娜岛
安娜塔拉拉笛古岛
绚丽岛
欢乐岛
康杜玛
双鱼岛

马累
马累南环礁

1. 双鱼岛——"最佳海滨"

双鱼岛（Olhuveli Beach and Spa Resort)又称欧卢维利岛，位于马累环礁以南，距离马累国际机场34公里，从机场乘坐高速快艇到四星级的欧卢维利海滩饭店仅需45—50分钟，白天夜晚都可航行。

（1）欧卢维利沙滩休闲胜地

欧卢维利沙滩休闲胜地（Olhuveli Beach and Spa Resort）很有名气，磁石般地吸引着世界各个旅游家的目光，它是2001年、2002年及2006年的"最佳海滨奖"得主。岛上有长达2公里的洁白美丽的海滩，设施现代舒适。一登上这座岛，沿着从岛上延伸至码头的长长栈道，就不时地看到有鲨鱼及其他大鱼在附近游动。到了码头，沙地一侧沿岸尽是数以万计的小鱼，密密麻麻结成一团，周围有小鲨鱼或其他掠食的鱼类出没。码头另一侧则是峭壁状的礁岩地形，每块礁岩周围都

有蝶鱼、雀鲷等珊瑚礁鱼类不时地出现。码头正下方也有成群的底栖性鱼类。沿着峭壁的边界，有洄游性的鱼类时出时没，牛港参、海龟均有所见。就赏鱼角度而言，双鱼岛单单是码头边就已精彩万分。在岛附近有马尔代夫一些最好的潜水场，潜水者众多，其中以日本客人为主，他们主要是来潜水的。岛上的白色沙滩

观赏海豚

和美丽的潟湖，使喜爱潜水和游泳的游客在此尽享天乐。

（2）与鱼同乐

双鱼岛顾名思义以鱼多为胜，到这里的游客主要是岸边浮潜观鱼、游泳玩水、观赏海豚、深海钓鱼、划香蕉船、夜晚看星及水上运动等。不管上述哪种运动和娱乐，都无法与鱼绝缘，都能在身边、周围看到成群或散游的各色各样的鱼。与鱼同欢、与鱼共舞、徜徉鱼的世界，实在这个岛上的最大玩点。

这座岛上有3种类型的客房，即标准间、平房和水上平房，客房结构宽敞。除主餐馆和酒吧之外，还有咖啡馆，"蓝色潟湖"餐馆定期举行海滩派对。

INFO

距离机场路程：34 公里
房间数量：164
电话：+960 6642788
传真：+960 6645942
电子邮件：info@olhuveli.com.mv
网址：http://www.olhuvelimaldives.com

2. 拉古娜岛——"动画世界"

（1）与世隔绝的纯清和娴静

拉古娜岛位于马累环礁以南，距马累国际机场大约12公里，乘快艇需20—25分钟。酒店的迎宾客船从机场将游客载往拉古娜岛，须由岛后的环礁缺口进入。沿途不仅景致不断变换，连船底海水的颜色也从深蓝到浅蓝而浅绿。这个拉古娜岛低平得几乎不见陆地隆度，从旁看去，似乎只见一片荡漾在蓝色海水中的棕榈树丛林。人们乐于踩着围绕整个海岛的细沙，欣赏浪花拍岸，享受烂漫时光，特感舒服惬意。蓝与白交织的地平线，配以碧绿的礁湖，呈现出美丽的静态景观。游客可在此幽雅和悠闲的环境与气氛里，享受犹如与世隔绝的纯清和娴静。这里拥有高度的私密与宁静环境，人似与海天融成一体，像进入了一座真正的世外桃源。饭店是四星级的，设计相当讲究，从主体建筑到海滨小屋、水上豪华套房、游泳池、休息亭栏等，都经过整体规划，给人浑然一体的完美和连成一气的流畅之视感。海滨度假小屋的设计更为细密精致，保留了文明色彩，内部设备齐全、装点雅致，既给人以新颖的视觉感，又有如在自己家里的舒适感。

（2）扣人心弦的"动画世界"

拉古娜岛有世界上最好的沙滩，海域的水特别清澈，热带鱼穿梭蓝色珊瑚间。柔软的珊瑚随着水下的海流微摇，似有意招惹四周的游鱼。鱼群也绕着珊瑚盘旋、嬉戏，似有意挑逗。自然界的现象非常奇特，不可思议，该不是它们长期共浴一处海域，朝夕相处，产生了恋情吧?！看到这种情景，面对这片蔚蓝海天，休息椰树下，啜饮鸡尾酒，尝试一下"纸醉金迷"的生活，将平日的繁冗抛开，那电影里的浪漫神话，椰林下的迷幻梦想，一切乐趣皆在你掌握当中。想远离尘嚣，此处乃最佳。

斑斓的海底世界

斑斓的海底世界

　　拉古娜沙滩旅游胜地（Laguna Beach Resort）过去只有旅游度假的行家才知道，现在已声名远播。这里是电影《青春珊瑚岛》和《重回蓝色珊瑚礁》的拍摄地，岛上的动画色彩特别浓厚。到过这个岛游览过的人都评称，实景比电影更美，更能叩击人的心弦、打动人的灵感。进入这个"动画世界"，使人产生飘忽于苍穹与汪洋之际的大自然中，有"不食人间烟火"的感觉。

3. 康杜玛——休闲现代

　　康杜玛(Holiday Inn Resort Kandooma Maldives)是个"性价比"最佳的岛，最适宜那些喜欢清新现代风格、想要休闲舒适地度假的学生、青年人。这里经2004年印度洋海啸灾害后，才重新开业不几年，岛上游人不算太多，环境清静幽雅，适合浪漫蜜月。它与奢华的可可亚岛(Cocoaya)隔海相望，附近还围绕着几个小岛，海景佳美宜人。

INFO

距离机场路程: 35 公里
房间数量: 160
电话: +960 6640511
传真: +960 6640513
电子邮件: reservation@hikandooma.com
网址: http://www.holidayinn.com

岛上的休闲地

不远处有几个著名的浮潜地点。岛上有潜水学校，学习项目花样多，闲中有学、学中有乐、乐而有趣、趣味盎然。这适合中青年多趣好动的天性，不会觉得无事可干，闲得无聊。许多年轻人离开这梦幻仙境般的马尔代夫时，都有"乐不思蜀""流连忘返"之感。

酒店的房屋内设施齐全高档，设计适用新颖，用品器具多为名牌。自助早餐偏于中国口味，有炒饭、面条和白粥等，清淡爽口，较合中国人的饮食习惯。晚餐有海鲜烧烤和地道的西餐，价格适中，堪称是超值消费。饮用水和潜水三宝（潜水镜、脚蹼和吸氧管）、上网服务等，别岛收费，此岛全免，比较划算。

绚丽岛日出

4. 绚丽岛——水屋内看鱼

　　绚丽岛(Adaaran Club Rannalhi)是马累南环礁西南部的一座5公顷的优美的绿色岛屿，离马累国际机场大约34公里，乘快艇需50—60分钟。这里有美丽的海滩与岛相连的珊瑚礁（House-Reef），是奇异鱼类的栖息处和珊瑚的聚集地。在House-Reef和海滩之间是一个礁湖，这里是理想的游泳场所。

　　绚丽岛又名瑞娜丽度假村，是一家四星级酒店，隶属于斯里兰卡最大的Aitken Spence旅游集团，从1996年至今一直被法国Jet Tour旅游集团评为A级旅游度假地，以前主要接待法

在房间里看鱼

国、意大利游客。近几年才对亚洲国家开放。岛上的水上屋都有玻璃地板，可以在房间内直接看鱼，到了晚上，把玻璃地板掀起之后看起来就更迷人了。这一项目在当时87家被开发的旅游岛屿中屈指可数。

绚丽岛接客人的码头是一个简单质朴的茅草亭子，后面的木制栈

桥一直通到度假村的大堂。所谓大堂其实是一间比较大的茅屋，三面立柱，没有围墙，正面是接待台，外形是古代马尔代夫渔船的模样。大堂的地面不是大理石或木地板，而全是沙子，有员工定时用耙子将被踩得凹凸不平的沙子清理耙平。接待台的侧面有一个公告板，你可自由在上面登记预订参加娱乐项目，并可以从中知道哪些活动最受欢迎，哪些邻房游客与你有共同的娱乐需求。

INFO

距离机场路程：34 公里
房间数量：130
电话：+960 6642688
传真：+960 6642035
电子邮件：info@adaaran.com
网址：http://www.adaaran.com

5. 安娜塔拉笛古岛——"最佳岛屿度假地"之一

（1）三岛连体

安娜塔拉笛古岛(Anantara Dhigu Resort and Spa Maldives)位于马累南环礁，离马累国际机场21公里，乘快艇只需35分钟。这处旅游胜地一共由3个岛组成，面积只有430米长，110米宽，最大的那个岛主要是沙滩屋（Beachfront Villa）与水上别墅（Over-Water Suite）。水上屋（Over-Water Bungalow）则在稍小一点的岛上。另一个岛是服务员与当地居民使用的生活区，不接待游客。岛与岛之间有免费的渡船，随需随约。这几个小岛因印度洋海啸受损一度关闭，2006年8月恢复开业，所以设施较新。安娜塔拉笛古岛酒店是五星级的，属于世界级度假品牌，曾被评为世界上14个"最佳岛屿度假地"之一。房间的装潢与布置以现代和豪华为主，以

南亚风格为装饰主题, 致力于向客人提供豪华舒适的体验、温暖亲切的服务。这比较适合欧美游客的情调和需要。西方游客来马尔代夫主要为缓释精神和心理压力, 进行一次精彩的放松之旅, 多数人更倾向于散漫慵懒, 喜欢晒着太阳、躺在长椅上放松。比起其他岛的水下景观这里可能略有不足, 但环境更为宽敞、沙滩更为绵长。独具特色的沙滩屋与宁静私密的水上屋一起, 构成典型的马尔代夫式美景。岛上的休闲娱乐也是马尔代夫众多岛屿中屈指可数的。

INFO

距离机场路程: 21 公里
房间数量: 110
电话: +960 6644100
传真: +960 6644101
电子邮件: dhigumaldives@anantara.com
网址: http://www.anantara.com

安娜塔拉笛古岛

129

（2）花样繁多的餐饮

岛上的餐饮各式各样。自助正餐、坐堂选点，菜色丰富，花样繁多，西式餐点、东方果蔬、酒水饮料，一应俱全，且兼顾欧亚大陆的饮食习惯。逢周日还会有额外奉送。餐厅四敞，人们在欣赏自然美景之余，享受难得的味觉盛宴。正餐之外还有"水之吧"，供应各式饮料、茶点、鸡尾酒。伴着迷人的景色，可遥望着落日的余晖，味觉感受、精神享受。

岛上除了有多家风味餐厅为顾客烹调美味佳肴外，酒店还别出心裁，在岛上开设了一家厨艺学校。游客可在此学习到传统南亚美食的制作技巧，边学、边做、边吃，一举多得，既享受美味，也学到厨艺，更得到快乐。

（3）多样的休闲设施和水上运动

岛上有多项娱乐休闲设施和水上运动。海滩瑜伽，由专业的瑜伽师教练用古老的南亚智慧创造的健身术，赋予你轻松愉悦的身心。特色精品店、儿童俱乐部、健身中心、图书馆，及游泳池、网球场、排球场等任你光顾和参与。岛上五星级的PADI（深潜教练培训证书）水上活动中心可对你进行精心培训，让你有技能潜入水下，进行一次深海探秘，丰富你的精彩人生。酒店组织的短途旅游也精彩纷呈：快艇野餐、浮潜之旅、黄昏游船、首都之旅、古船巡游、岛屿观光、观豚巡游、黄昏海钓等。惊险刺激、愉悦惬意、安闲雅静、不同的情景、不同的感受、不同的心境，几乎在同一时间内交替变换着不同的感受。

（4）专业的水疗房

到了海岛国家，几乎天天泡在水里，但到休闲水疗中心体验一番，则别有情趣。专业的最佳水疗房，典雅超然的全新设施，四面开放，纱帘荡漾，圆池浴缸，洁雅舒畅，水面漂着花瓣，清心寡欲坐敷，治疗病痛、修复心灵……

6. 帆渡岛——丰富的海洋生态

帆渡岛(Adaaran Prestige Vadoo)处于马累南环礁北端的珊瑚环礁边缘，特殊的地理位置使该岛拥有绝佳的天然景致与丰富的海洋生态。在群礁水域，种类繁多的鱼群，犹如一座海洋水族馆。在帆渡岛上偶有灰鹭驻足岸边，彩色蜥蜴攀附树干上，而矗立在群礁上的码头的堤防边，常有艳丽彩妆的蝴

帆渡岛一瞥

丰富的海洋生态

蝶鱼、天使鱼、鹦鹉鱼……这些鱼尤时无刻不在更换体态、换游方向，像在舞台场景中展演似的在水中翔游起舞。在饭店的告示板上，详细地记载或预告着关于数百只瓶鼻豚(Bottle Dolphin)或飞旋海豚(Spinner Dolphin)游经帆渡岛海峡的信息。有意者可于每日晨间与黄昏时设法观看海豚"大游行"的壮观场面。

（1）水屋概念的先驱

帆渡岛首先将水上屋的建造引进马尔代夫群岛，可以说它是水上屋概念的先驱。帆渡岛在2004年被世界潜水旅游杂志评选为最佳的潜水胜地以及最佳的水上屋。许多潜水家都赞叹在帆渡海峡中的水世界别有洞天。这儿的潜水环境及教练提供了绝佳的设施及服务，各地的旅行家和潜水家来后都觉不虚此行。来这里的游客都会在经验丰富的船夫及陪护人带领下乘船

出海，用船上备有的钓鱼用具及鱼饵，无忧无虑地自由垂钓。入住这家四星级的饭店可以受到优待，如果住带泳池的水上别墅，可免费享用夜宵、红酒果篮、浮潜装备等。

（2）潜水场下奇特的岩洞

帆渡岛附近有两个潜水场，其中一个叫艾姆布杜墙潜水场（Emboodhu Wall），从瓦杜岛（Vaadhu）延伸到艾姆布杜岛。这里至少有5处潜水点，水下有奇特的岩洞和发光海绵的峡谷。位于南部的瑰丽的岩洞里有柔软的珊瑚，被称为"魔鬼洞"，再往南是颜色各异的垂直的珊瑚。艾姆布杜出口处是隧发枪鱼的聚集地，引来大批金枪鱼。另一个叫瓦杜岩洞潜水场（Vaadhoo Caves），有大量绿色和蓝色的软珊瑚，及海龟、大金枪鱼。此处还有个瓦杜珊瑚园，陡峭的岩石上有柔软的珊瑚。

带有泳池的水上别墅区

7. 欢乐岛——情趣荒岛

（1）游客如潮的欢乐岛旅游胜地

欢乐岛（Fun Island Resort）著称，位于南马累的东部，距离马累国际机场37公里，从机场乘快艇需45分钟。欢乐岛旅游胜地（Fun Island Resort）蜚声远近，游客如潮，概因价格适中。欢乐岛周围是柔软的白色沙滩和大片如同绿松石和绿玉一般的潟湖。海滩边有两个人迹罕至的小岛，与欢乐岛只隔一道浅水域，在低潮时可以徒步跨过。欢乐岛上有100间设施完善的客房，分布在3个不同的街区，客房全部位于海滩上。饭店虽小，一应俱全。客房内设有套间浴室、空调、热水、淡水、小型酒吧和直拨电话。欢乐岛旅游胜地取名吉利、通俗，慕名而来者很多。其中有些游客喜欢到无人小岛上，体验荒岛之趣。

INFO

距离机场路程：37 公里

房间数量：50

电话：+960 6640033

传真：+960 6640044

电子邮件：reservations@fun-island.com.mv

网址：http://www.villahotels.com

情趣荒岛

欢乐岛白色沙滩

（2）体验鲁滨逊式的生活情趣

这里盛行情侣游。你和伴侣可以享受独木舟的乐趣，也可让向导带领你俩乘坐双体风帆，或相伴去健身房参与剧烈运动，也可以携手来个沙滩漫步游。若两人喜欢安静，可到清凉的吧间下棋、打牌，悠然安静地读书。如果你愿和伴侣在一个最独特的地方享用最浪漫的晚餐，这里可让你美梦成真。酒店用快艇把你们送到一个完全无人的沙滩岛上，让你和伴侣在一望无际的印渡洋的环抱中望着落日用餐，夜幕降临后，在星光满天的夜晚对饮香槟。此时此刻，万籁俱静，只闻涛声，这个世界就只剩下你们两个人，真切地体验一次鲁滨逊式的生活。若时运不济，遇上风起云涌，浪涛骤起，周围一片黑暗，涛声嘶鸣，浪涛不断向岛上扑打，似要把小岛卷走。一个大陆客，突然来到一座离家遥远的孤岛上，遇上如此惊险情景，是惧怕，是惊恐，是刺激，是兴奋，还是美好？但不管感受如何，记忆则是永恒的。

8. 可可亚岛度假村——明媚而纯净

可可亚岛度假村(Cocoa Island)上的蓝天、海水、沙滩自然是一级的、最棒的。这里到处是品种繁多、芳香四溢的鲜花。在这样天堂般明媚的地方，游人无论选择怎样的屋子居住，都能感受到心灵的宁静、精神的放松。

这个岛的建筑布局有趣，从空中俯瞰像一条爬在近海浅滩上的大鳄鱼，一条甬道伸延到远处，两边是对称的别墅草屋，恰像鳄鱼长长的尾巴。沿岛周边也布满客房，外形多像茅草搭的蒙古包。这里是专为游客量体订做的。他们不堪忍受高节奏的紧张工作生活状况的压力，来此回归自然、放松情绪，抖落满身工业尘埃和疲倦。他们在此可尽情享用清风净气、碧水绿地、古朴风情。另一片双排别墅，被称为豪华隔水套房(Deluxe Overwater Suite)，中间的栈道把两边的别墅连成一串大型叶片，远远地伸向海里。这里的房子都是半封闭状，

像是有意把自己胸怀袒露给晴空蓝海。阳台裸露在外，探到海里，人们在上边活动时，湛蓝的天空里洒下明媚的阳光，温暖亲切却不觉灼热。海水像被调色盘晕染，涛声有时似细语呢

INFO

距离机场路程：30 公里
房间数量：33
电话：+960 6641818
传真：+960 6641919
电子邮件：res@ccocoaisland.como.bz
网址：http://www.ccocoaisland.como.bz

喃，有时波涛又狂放、调皮地向你涌来。这使住客能尽多地拥抱海空，和大自然融为一体。

在这里，可以享受简单而纯净的生活，潜水、游泳、散步等，一切的活动都自然地把阳光、海水、沙滩很好地结合在一起。住在这里，一切过往和未来都变得不如现在重要，安心过一个纯粹的海边假期，正是来此所有人的心之所想。

纯净的可可亚岛

阿里环礁度假胜地

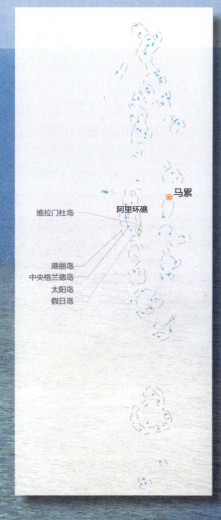

马累

维拉门杜岛   阿里环礁

港丽岛
中央格兰德岛
太阳岛
假日岛

1. 太阳岛——阳光灿烂

太阳岛(Sun Island Resort & Spa)在当地名为纳拉古莱杜（Nalaguraidhoo），位于阿里环礁南支。它是马尔代夫最大的休闲度假村，岛长1.6公里，宽380米，距马累国际机场62公里，乘水上飞机到达该岛需要大约35分钟，乘快艇约需150分钟。距马累需行船4个小时。该岛正式开放于1999年5月，是一个四星级旅游胜地。太阳岛因其灿烂的阳光而得名，它每天都以太阳般的热情来迎接来自四面八方的游客。

（1）完美的度假设施

这个岛据称有上百万年的历史。岛上花香四季、鸟语啁啾，热带植物茂盛。酒店的房间就散落在这原始的热带丛林之中。在这里，游客进行完美热带度假所需的一切设施和条件应有尽有。岛上有350间客房，其中水上平房68间、总统套房4

太阳岛

间、豪华客房218间、标准间60间。客房内设有空调、冷热水
供应、户外淋浴、套间浴室、小型酒吧、长途电话、吹风机、
电视录像机、卫星网络、淡水供应。岛上还有大游泳池和儿童
专用小游泳池，点缀在该岛优美的风景之中。太阳岛不但有着
和别的岛屿一样的美丽景色，而且还有特色"全包"套票服
务。游客只要一次性付费，就可以尽情地享受岛上所提供的多
元化的优质服务，省却了随时即付的很多烦琐。

这里的海上木屋，置于海中，完全被海包围。置身阳台，可以在娇艳的阳光下看书休闲，避开公共海滩的喧闹和嘈杂。阳台有扶梯直通到海，可随时下海，自由自在得如"鱼翔大海"。这种豪华房间，节假日每晚房价可达500美元，令人咂舌。但游客仍趋之若鹜，不提前数月预订，则无缘享受这种奢华。住在其中，怡然若仙。若躺在洁白的沙滩上，任阳光抚弄，听海的潮起潮落和风吹棕树的沙沙声，捧着心爱书本，就更为完美。如抵挡不住那清澈湛蓝、如诗如画的海的诱惑，可观赏欢

INFO

距离机场路程: 62 公里

房间数量: 282

电话: +960 6680088

传真: +960 6680099

电子邮件: info@sun-island.com.mv

网址: http://www.sun-island.com

水屋

太阳岛

快的鱼群翔游，或潜水与鱼同欢，更是其乐无比。如图刺激，还可深潜，与五彩斑斓的海底生物亲密接触，探索大海的奥秘。

（2）真正的马尔代夫风味美宴

吃是太阳岛上的一大特色。这里有能容千人的自助餐厅，西式为主，东西兼有，菜色丰富，色味俱佳，中国、泰国、日本、意大利风味俱全，各种瓜果甜点齐备。虽因当地习俗不供猪肉，但花样繁多的牛肉、鸡肉和鱼类也能让人大饱口福。中餐厅是座硕大的海上木屋，用餐时可前眺沙滩，后观海景，还可在露台上看脚下鱼游，抛点食物，赏其争食的趣样。晚间沙滩上，烛光婆娑，人们可以享受真正的马尔代夫风味的美宴。各种食品鲜美异常，最具特色的是辣鱼糕(Kvli Boakiba)、浮尼玻阿绮巴(Foni Boakiba)、露撒把特(Kirvsarbat)甜奶，最后喝杯棕榈树干榨成的(Toddy)多迪，令人回味无穷。人们走出饭堂往往感慨地说："人在太阳岛，尝遍全世界。"

2. 港丽岛——热带风情

（1）"一个旅游地，两个岛屿，三种精彩"

港丽岛(Conrad Maldives Rangali Island)位于阿里环礁南支一个偏远的岛屿，距马累国际机场约90公里，乘水上飞机需35—40分钟。它隐匿在优美的棕榈树中，四周由绿松石色的海水围绕。海岛上的港丽度假酒店原是马尔代夫希尔顿度假酒店。酒店的世界一流服务和设施与马尔代夫传统的待客风格相结合。人们把它概括为"一个旅游地，两个岛屿，三种精彩"(one resort, two islands, three luxurious experiences)。这个度假村建在两个充满异国情调的小岛上，小的叫拉格利(Rangali)，大的叫拉里芬胡(Rangalifinolhu)。两个小岛通过一条长500米、跨越非常美丽的蓝色礁湖的人行木桥相互连接。

中国人来到这里就实现了畅游热带风情海岛的终极梦想。水清沙柔、椰林绰影，从下飞机登上快艇，沿途便能看见许多鱼儿在水中游来游去。在这里有无边无际、深深浅浅的蓝，无

港丽岛

数近乎透明的贝壳和小螃蟹以及海上欢跳的海豚、粉红的小鲨鱼，并呼吸到清爽洁净而微咸的海风……这种景象将一直伴随着你，即使回到自己的国家，躺在自己的床上时，仍一边回味，一边感叹，一边在脑海"存档"。

这家酒店常有葡萄酒鉴赏活动，让人大长见识、大饱口福。它拥有10，000瓶各种品牌、口味的葡萄酒。

（2）梦幻的海底餐厅

港丽岛有一项设施特别吸引人，那就是海底餐厅。餐厅名为"伊特哈(Ithaa Undersea Restaurant)"当地语为"珍珠"之意，在印度洋水下5米处。餐厅四壁完全由透明的有机玻璃制成，被颜色艳丽的珊瑚暗礁和穿梭在珊瑚丛中的各种海洋生物环抱着Ithaa是世界上第一家全玻璃的海底餐厅，造价500万美元。餐厅只供午、晚餐，从上午11时营业到午夜。

当人的特别创意和周围的具体景物融合起来时，那又是一种什么样的风景啊！穿过木制的走道，步下陡峭的台阶，就

海底餐厅

看到双人对坐的6张餐桌。幽暗的灯光、温馨的氛围，周围是五光十色的珊瑚石，美丽的热带鱼成群结队自由自在地在你身边游动，或追逐、或嬉戏，更烘托出一种特别的美感与欢畅。人们在优雅的就餐氛围中，尽情地观赏着缤纷绚丽的海洋世界。透过玻璃如同坐在珊瑚丛中，与五彩斑斓的鱼群同游同乐。当色彩鲜艳的成群珊瑚鱼紧贴着通透的餐厅

INFO

距离机场路程: 90 公里

房间数量: 150

电话: +960 6680629

传真: + 960 6680619

电子邮件: mlehi.maldives@
conradhotels.com

网址:

http://www.conradmaldives.com

四壁掠过时，餐客都会情不自禁地发出惊叹的啧啧声。在这样优美的环境中就餐，既是味觉享受、更是精神享受，花费自然不菲。最便宜的一顿午餐，不含小费也需200美元。为了保持宁静的就餐环境和宽广的视野，餐厅一次最多只接纳14人。

　　嘴里品着美味，眼里看着美景，如果不是去马尔代夫旅游，这样的情景实难想象，更别说享受和体验。许多人慕名而来，不少恋人来这里，在水下餐厅举办结婚仪式，取个好彩头，象征着爱如深海、海枯石烂、永不变心。

3. 假日岛——充满刺激和奇趣

（1）可让心灵放飞的假日岛

假日岛(Holiday Island Resort & Spa)位于阿里环礁南支，距离马累国际机场97公里。乘坐海上飞机到该岛大约需要35分钟，乘快艇大约需要150分钟。这里原是一个宁静安详的港口，1994年辟为旅游度假胜地。假日岛以其美丽的白色海滩和环绕在其周围的潟湖而闻名，美丽的白色卵石遍布整个岛。假日岛堪称

INFO

距离机场路程: 97 公里

房间数量: 142

电话: +960 6680011

传真: +960 6680022

电子邮件: info@holiday-island.com.mv

网址: http://www.villahotels.com

马尔代夫最好的旅游胜地之一，但它并非是那些寻求静谧、贴近自然、追求马尔代夫风格的游客的理想去所，而是充满了刺激和奇趣。岛上的各种设置及其优质服务可同其姊妹岛——欢乐岛、天堂岛等相媲美，只是规模略逊些。来到这里，不仅是

假日岛

147

假日岛

身心休闲，也是心灵放飞式的度假。你可以与一切尘嚣凡俗脱离，净化灵魂。

（2）充满刺激和奇趣的岛上活动

　　岛上总共有142间客房，房前就是海滩。除了18个房间两两有门相通、方便全家居住之外，其余所有的房间构造都完全相同。所有的房间都很宽敞，装修豪华，其高档的装修材料全部都是来自新加坡。房间的一扇门通向海滩，另一扇门则朝向通往岛内部的一条蜿蜒小路。小路的两侧是由专人精心剪修管护的灌木、鲜花、椰子和其他果树。每天清晨都有一伙妇女专程从附近的马米吉利（Maamigili）岛赶来上班，将每条小路清扫打扮得分外质朴、清洁而温馨。人们称岛上散步的崎岖蜿蜒的花径为艺术之路，鲜花夹道。

島上有多家餐馆，都可提供丰盛美味的中西自助餐，另外还设有固定套餐。咖啡店和酒吧昼夜提供种类繁多的食品和饮料。

客房

这个岛上经常有赛艇、风帆、划水、水上跳伞以及潜水观鱼探险等活动，充满了紧张、刺激、惊险与奇趣。追求趣味与刺激的游客，来到现场都争先恐后、摩拳擦掌地一试身手。这一来，把个本以宁静安详闻名的小岛闹得热火朝天。

4. 中央格兰德岛——潜水胜地

中央格兰德岛(Centara Grand Island Resort & Spa Maldives)属全球连锁品牌Centara Hotels & Resorts酒店，于2009年11月新开业。它位于阿里环礁南支，为游客提供独特的豪华度假体验。该酒店有112套房及别墅，附近有世界著名的潜水点之一的阿里环礁最佳潜水点，为优秀潜水爱好者提供一个大显身手的良好机会。

（1）奢华的设施，感受乘机巡游的壮美

海滨客房有7个类别。在水面上，从76平方米海滩套房，到146平方米的豪华海滨泳池别墅，都有独立的客厅、大阳台。酒店的独家俱乐部，包括豪华的贵宾阁廊，备有特色的、自由选择的餐饮，大餐、小吃、饮料及晚间的鸡尾酒一概免费。马

尔代夫是禁酒的，但在这家酒店可以享受开放式酒吧服务，包括鸡尾酒、白酒、红酒、气泡酒、啤酒、混合酒。

　　酒店有游泳池、康乐区、体育和健身设施、夜间娱乐、水疗设施，以及各种儿童游乐室。人们可

INFO

距离机场路程: 87 公里

房间数量: 112

电话: +960 6688000

传真: +960 6688888

电子邮件: cirm@chr.co.th

网址:
http://www.centarahotelsresorts.com

以参与各种水上运动，包括滑水、冲浪、帆船、独木舟、划船和钓鱼。此外，还有水上飞机，除用其作为往返于国际机场的交通工具外，可乘机巡游，俯瞰马尔代夫各环礁岛屿。那种壮美的景

中央格兰德岛深潜

象和心旷神怡的感觉，是步行游和快艇游的人无法体会与想象的。岛四周都是白色的沙滩和清澈的海水，离中心越远，海水就越净、沙滩就越纯。

（2）独特的赤道风情

中央休闲区提供传统芳香疗法及按摩、蒸汽桑拿及美容沙龙，人们在那里可以沉醉于似睡非睡、似醒非醒之间的迷蒙状态，尽情享受美容师和按摩师们的柔掌之下的快感。如若尝试一下黄昏钓，则更感奇妙：夕阳西下、满天红霞、椰林摇曳、渔歌唱晚、抛钩扯线、鱼跃浪间。那情景真好，那感觉更好。不要担心技术不佳，鱼不上钩，即使完全是新手，也不会空手而归。更何况钓的不是鱼，是钓快乐。那里的鱼特别容易上钩，说得形象一点，那鱼儿不是被钓上来的，是顺着钓鱼线爬上来的。这种成功感会使人发出顺利的欢呼和发自肺腑的大笑。晚上收竿"回营"，仰望天空，繁星闪闪，似在示贺。这时，无限愉悦，自在心中！

在马尔代夫，阳光太多、海水太蓝、时光太长，光阴被光明正大地"恣意浪费"。这些成了马尔代夫独特的赤道风情。徜徉在海边，赤足走在细白沙滩上，感受马尔代夫的体温。畅游在海洋里，聆听马尔代夫的心跳频率。忘记时间、忘记工作，尽情地吃喝玩乐，是上帝准允的放纵。有人束装待发，即刻离境了，仍别情依依，恋恋不舍，躺在酒店的沙滩上继续懒洋洋享受日光浴或在临海的酒吧中回味几天来的精彩旅程。

5. 维拉门杜岛——丰富的自然资源

维拉门杜岛(Vilamendhoo Island Resort)位于阿里环礁南支，距离马累国际机场82公里，乘海上飞机到该岛大约需要25分钟。岛上有着丰富的自然资源，陆上、水中的物种都很丰富，不亚于该国的任何一个岛。沙滩和潟湖都保留着其自然本色，没有受到一堵墙或防波堤等人工痕迹的形象损害。维拉门杜岛旅游胜

INFO

距离机场路程: 82 公里
房间数量: 184
电话: +960 6680637
传真: +960 6680639
电子邮件: reservations@
vilamendhooisland.com
网址: http://www.
vilamendhooisland.com

地（Vilamendhoo Island Resort）建于1994年，有184间标准客房和平房。住在这里，游客在沉醉于自然美景的同时，还可以享受到现代化的设施和高标准的盛情服务。度假村内的各项设施，能使你享受完美之旅。主餐厅里，一日三餐供鲜鱼活虾，可以品尝到最新鲜、最上等的海鲜。烘烤或炙烤海鲜、生鱼片，款款可口，令人垂涎。新鲜的水果和精巧的甜点，颇吊胃口，使这个自助式露天餐厅成为多元化的美食天地。西式、日式、韩式以及中式风格菜肴在这里应有尽有。

其他环礁岛度假胜地

罗希夫希岛

米拉杜马杜卢环礁

皇家岛

索内瓦夫希

法迪福卢环礁

南马洛斯马杜卢环礁

柯曼杜岛

马累

阿里环礁

尼兰杜环礁

穆拉库环礁

费里特约岛

维拉瓦鲁岛

麦杜夫希岛

苏瓦迪瓦环礁

阿杜环礁

甘岛

香格里拉大酒店

1. 维拉瓦鲁岛——潜水天堂

维拉瓦鲁岛(Angsana Resort & Spa Maldives Velavaru)又称阿格桑娜（Angsana）岛，在马尔代夫语里意为"海龟岛"。从马累国际机场搭乘水上飞机只需40分钟即可抵达。这个豪华的度假村坐落在原始的尼兰杜南环礁。这里充满着原始风情，它远离尘嚣，四周环绕着棕榈树、黄金海岸以及清澈而又透明的蓝绿色海水。你可以想象，当轻柔的海风吹过身旁，色彩斑斓的鱼儿在珊瑚旁自由穿行，那是多美的画面啊！岛上植物种类繁多，度假村79间别墅隐身其中，住在里面犹如在一个无穷无尽的想象空间里漫游。这个岛既是海洋骄子及潜水爱好者的天堂，也是一般游客编织梦想的乐土。

在这个岛上，看、玩两便。早餐后可观赏最壮观的海

INFO

距离机场路程：146 公里

房间数量：79

电话：+960 6643502

传真：+960 6645933

电子邮件：ihuru@angsana.com

网址：http://www.angsana.com

上日出。红日东升，霞光灿烂，万紫千红、变幻无穷，海面波光粼粼，海天无际。你也可戴上潜水镜，观看海底。鱼儿近在咫尺，与潜水者们擦肩接踵、嬉戏周旋；五彩的海底珊瑚，触手可得，呈现另一番奇妙的海底世界。你可以全天享受自由的空气，享受阳光海滩。

你也可以由经验丰富的船夫及陪护者带领，乘船出海，畅游其他度假岛及渔村岛。你还可以深海垂钓，船夫提供一切钓具及鱼饵，令你能无忧无虑地自由垂钓。钓毕，可让专人为你烹调，美餐渔获。

维拉瓦鲁岛潜水

2. 索内瓦夫希——"世外桃源"

索内瓦夫希(Soneva Fushi)位于南马洛斯马杜卢环礁行政区，距离马累国际机场和首都大约103公里，乘海上飞机从国际机场到达该岛需要25分钟。这是一个真正的鲁滨逊·克鲁索式的世外桃源，坐落于私人所有的、没有居民的昆夫纳杜(Kunfunadhoo)岛，人称热带伊甸园，堪称是世界上最后一方隐土。

INFO

距离机场路程：113 公里
房间数量：65
电话：+960 6600304
传真：+960 6600374
电子邮件：reservations-fushi@sonevaresorts.com
网址：http://www.sixsenses.com/soneva-fushi/

岛上住宿有65间，其中包括雷亨迪（Rehendi）客房、克鲁索（Crusoe）别墅、索内瓦·夫希（Sibeva Fushi）别墅、索内瓦·夫希（Sibeva Fushi）套间别墅和业主别墅。岛上设有洗衣房和男仆服务、礼品店、保姆和儿童保育员、潜水学校以及普通餐馆、美食家餐馆、日出酒吧、日落酒吧、别墅餐厅等。

皇家岛

3. 皇家岛——奢华尊贵

皇家岛(Royal Island Resort & Spa)长800米，宽220米，岛上有无与伦比的一流住宿设施和引人入胜的热带景象，可让游客真正体会鲁滨逊式浪漫之旅的经历。皇家岛沙滩外5—20米的地方有个房形石礁，此地附近有美丽的从未有人涉足的潜水场，在潜水运动日益兴起的未来，皇家岛的身价笃定攀升。

皇家岛位于南马洛斯马杜卢环礁，距离马累国际机场110公里，乘海上飞机30分钟即可到达，乘快艇则需2小时左右才能到达。岛上建有152间平房，与葱郁的热带植被和谐地融为一体。所有的平房都用木材建造，体现出尊贵的品味。客房距离温暖的水域和白色沙滩仅数步之遥。所有的客房都装有空调、小型酒吧、长途电话、卫星电视和私人户外淋浴。

INFO

距离机场路程：118 公里
房间数量：152
电话：+960 6600088
传真：+960 6600099
电子邮件：info@royal-island.com.mv
网址：http://www.royal-island.com

4. 费里特约岛——自然之美

费里特约岛(Filitheyo Island Resort)位于北尼兰杜环礁行政区内。这里服务完善，并且保持着原始的马尔代夫群岛自然之美。这里有茂密的植被、高大的棕榈树和美丽的潟湖，是马尔代夫最迷人的地方之一。或许，你曾有过这样的幻景：在洒满阳光的椰林树影下徜徉，在洁白如细粉的沙滩上看小说，在海面迎风的码头前等待彩虹，在珊瑚礁旁与各色各形的热带鱼相见欢。所有的这些想法，在马尔代夫都可以实现。该岛有125间规格不一的房间，包括豪华型、家庭经济型、别墅型，都装有空调、冷热水、国际长途直拨电话、小酒吧、电视等。

INFO

距离机场路程：118 公里
房间数量：125
电话：+960 6740025
传真：+960 6740024
电子邮件：fili@aaa.com.mv
网址：http://www.aaaresorts.com.mv

豪华套房

5. 麦杜夫希岛——"地球上最后的乐园"

　　麦杜夫希岛(Medhufushi Island Resort)位于穆拉库环礁，距离马累国际机场约130公里，乘海上飞机约需35分钟。麦杜夫希岛向游客提供五星级的服务和多种相关设备。这处旅游胜地是2000年新开放的，也是马尔代夫最美丽的旅游胜地之一。

　　岛上的酒店有122间豪华客房，全部备有空调、冷热水供应、长途电话、小型酒吧和

INFO

距离机场路程：130 公里
房间数量：122
电话：+960 6720026
传真：+960 6720027
电子邮件：medhufushi@aaa.com.mv
网址：http://www.aaaresorts.com.mv/Medhufushi/

人文地理

电视机。岛上有餐馆、
咖啡馆、游泳池，并提
供水上运动、潜水、钓
鱼和短途旅行等项目的
服务和器具。

　　许多游客在领略过
马尔代夫的蓝、白、绿
三色后，都认为它是地球上最后的乐园。如到麦杜夫希岛上一
游，对此定有切身体验。人们形容马尔代夫是上帝抖落的一串
珍珠，也有人形容是一片碎玉，来到麦杜夫希岛就会感到这两
种形容都很贴切。当你乘水上飞机来这座岛时会发现，白色沙
滩围绕的海岛从高空看下来就像一粒珍珠，而珍珠旁的海水，
鳞光波影，就像是一片片美玉。

6. 柯曼杜岛——深海摄影佳地

柯曼杜岛（Komandhoo Maldive Island Resort）旅游胜地建于1998年11月，位于马尔代夫北部的法迪福卢环礁，距离马累国际机场180公里，去该岛须先坐45分钟飞机从北马累到法迪福卢环礁，再乘坐10分钟快艇才可抵达。

柯曼杜岛面积较小，游尽全岛也只需要30分钟的时间。岛上有65座伸展到海滩上的带走廊的木制平房，每一间房前摆有两张长椅供游人使用。房间的内部装修是豪华且高雅的。全玻璃门为欣赏海滩美景提供了方便。

INFO

距离机场路程：180 公里
房间数量：65
电话：+960 6621010
传真：+960 6621011
电子邮件：info@komnadoo.com
网址：http://www.komandoo.com

床头柜、梳妆台、
软垫椅子、舒适
的沙发、宽敞的
大衣橱构成了一
幅美丽而柔和的
图画。黑框的油
画和美丽的海景
更增添了情趣。

深海摄影

　　五彩缤纷的珊瑚礁将柯曼杜岛的海景点缀得十分独特、迷人。这是大自然的宝库，也是潜水爱好者的梦想天堂。这里有130种不同品种的珊瑚及鱼类，还有深海摄影的景致，而光线和能见度对摄影都很理想。这对于许多已经热衷潜水和海底摄影的朋友来说，具有很大的吸引力。

7. 罗希夫希岛——岛中天堂

罗希夫希岛(Lhohifushi Tourist Resort)位于南米拉杜马杜卢环礁，距离马累国际机场仅22.5公里，乘快艇到这座美丽的小岛需要20分钟。这是一座自成一体，设施多样的岛中天堂。该岛有130间高级客房，客房内设有空调、小型酒吧、长途电话、冷热水供应，室外还有一座小花园。严寒冬日，人们会憧憬暖夏。萧瑟寒冷的冬季，到马尔代夫罗希夫希岛做一次"夏日之旅"，安闲度假，这种巨大的气候反差对人的气血和神经是最佳的修养和调适。对于温带、寒带人们来说，罗希夫希岛更成了蜜月旅行的首选。正因如此，一到隆冬将至、冰封雪飘，甚或春寒料峭，人们会涌向马尔代夫，特别是罗希夫希岛。

印度洋海啸中，罗希夫希岛遭到重灾，度假村被毁，重建后扬长去短，增加了竞争优势，又开始热闹起来，游客"趋之若鹜"的热情一高再高。人们在关于旅游世界的书海中，读到一份资讯："在碧蓝的海水中散落着一个个绿色的小岛，绿色又被一圈雪白的沙滩包围着，海滩外面又是一圈若有若无的浅蓝，浅蓝的外面，才是宝石一样的深蓝……，世间还有美得如此不真实的地方吗？有！这块净土，被称作'地球上最后的香格里拉'。这就是位于印度洋上的马尔代夫。多个小珊瑚岛组成了这个奇妙的没有城市概念的岛国。岛国的罗希夫希岛旅游胜地，使马尔代夫锦上添花。"这番描述是何等诱人啊！请问，有谁看了这样的介绍不受诱惑？又有谁不想倾囊而出、做一次人生最美的体验？

多尼船

PART 2

旅游资讯

最佳旅游季节

    印度属于典型的热带季风气候，全年分为三个季节，即暑季、雨季、凉季。暑季为4—6月，高压滞留在印度洋上，加上酷暑高温，不少地方气温达到40℃以上，是最难熬的季节，不适合游客出行；雨季则大约在7—9月，强大的西南季风从印度洋猛烈地吹向印度半岛和内陆，常常会有骤雨，河水泛滥，天气较凉不宜出游；凉季是从10月持续到次年的3月，是印度最佳的旅游季节，到处绿树如荫、繁花盛开、气温宜人。

选岛须知

"一岛一景一酒店"，是马尔代夫特有的旅游文化特色。马尔代夫有许多海岛是被开发出来旅游的，这些海岛由酒店经营，所以你要选择某个海岛就意味着选择住在哪一个酒店。由于每个酒店的特色不一样，海岛特点自然也会不同。

去马尔代夫入住哪个酒店是非常重要的，因为岛和岛之间不能直往。如果你想从一个海岛去另一个海岛，一般情况下必须要先回到机场转往，然而从原来的海岛去机场也不是容易的事儿，坐船艇或是水上飞机也至少半小时。所以出游前必须要做好规划，提前了解各个海岛、度假村的相关讯息，做足出游前的准备工作。

一般而言，可以从以下几个方面去了解和选择海岛。

1. 岛屿的豪华程度。很多海岛被分为顶级、豪华、高级三类，

酒店通常会注明前往海岛的交通方式是水上飞机还是快艇上岛；住宿房间的标准；岛上休闲娱乐的项目以及用餐标准。

2．岛屿的特色服务。你可以通过海岛的水上屋排名、潜水点排名、岛上的水疗（SPA）的标准、酒店价格排名来加以选择。

3．星级水平。酒店按配套设施以及服务规格进行定级，选择什么样的星级酒店就等于选择了什么样的设施条件以及服务。

4．哪些酒店最适合于度蜜月。这些酒店针对那些度蜜月的游客安排了全套的服务。

5．海岛度假酒店的人气排名。预订前，不防到互联网上了解一下这些酒店的人气排名，借鉴一下别人的旅游心得，做到心中有数。

除此以外，旅游规划还需要根据个人的预算以及喜好来进行综合选择。

实用信息

1.签证

去马尔代夫，可以凭借护照和马尔代夫登机牌出境，抵达后再办理落地签证。中国公民在马尔代夫可获取30天有效停留的免费落地签证。进入马尔代夫边防，必须递交入境卡，该卡一般在赴马尔代夫的飞机上或是入境海关处都可以拿到。还需注意的是，酒店或度假村的预订单是您在马尔代夫停留时间的凭证，入关时要进行查验。

2.货币

马尔代夫货币为拉菲亚(Rufiyaa，缩写为Rf)，辅币为拉里(Laaree)。1拉菲亚等于100拉里，纸币面额有500、100、50、20、10和 5拉菲亚。1美元等于15.42拉菲亚（仅供参考，以当时汇率为准）。

在马尔代夫，主要通用美元，如在度假村、岛屿、饭店皆可使用美元现金、美元旅行支票与信用卡。通常在度假村，所有的附加费用都会算在住宿费里，所有在马尔代夫旅游不需要换太多的拉菲亚，只需带些零钱，用来支付小费就可以。

3.银行

在首都马累有几家地区性银行，其中包括印度国家银行、锡兰银行和汇丰银行（HSBC）等。马累多数银行都提供自动取款机（ATM）服务，在数个主要站点提供信用卡服务。

4.电源

电压为220v/240v，插头的规格不一，多为英式的电源插座。需自备转换插头。

5.时差

世界标准世界（UTC）+5（无夏时制），马尔代夫时间比北京时间晚3小时。

6.通讯

中国移动、联通GSM已开通马尔代夫国际漫游业务，用户打电话回中国大陆，应加拨+86。

7.小费

马尔代夫虽然不属于收小费的国家，但马尔代夫以旅游为主，对于某些服务而言还是要付小费的。小费的多少一般取决于您选住的度假村或岛屿的级别。餐厅和出租车不用付小费，账单里一般已经包含了10%的服务费。

8.打包物品

（1）服装　到马尔代夫旅游是翻出所有明亮色彩夏装的好机会，T恤衫、棉质服装、裙子和短裤是休闲扮酷的最好选择。在度假村可以穿着比基尼，但在公共区域不可以裸体。如果住原住居民岛，女游客则要先问清楚是否可以游泳，如可以最好选择连体的泳衣。漂亮的休闲服饰对于马累或是一般的度假村通常已是足够，但一些更高端的度假村也许会要求衣着盛装。

贴示

马尔代夫的淡水基本上都是海水淡化的，直接饮用可能会导致水土不服而拉肚子。酒店赠送的瓶装水如果是玻璃瓶装的，一般为当地海水淡化后的饮用水。

（2）鞋子　一般是凉鞋和拖鞋。大部分的度假村不主动提供拖鞋，游客最好自备。

（3）护肤用品　防晒霜、驱虫剂和帽子是度假中必不可少的物件，如果没有准备也不要紧，这些用品在度假村和马累附近随处都可以买得到。

（4）常用药品　除了常规的感冒药、消炎药、晕船药等药品以外，还需要备上防止水土不服的止泻药，以及被珊瑚划伤的创可贴。

9.海关

在马尔代夫，不允许携带火器、酒类、色情读物、各种麻醉剂和精神药物，以及狗、猪及猪肉制品入境。

10.健康要求

前往马尔代夫的访客，如果来自疫区的国家，则需要一份黄热病和霍乱的国际接种证书才能入境。

11.接送服务

如果您已在某个度假村预订房间，通常在您抵达马尔代夫之前就已为您安排好接送服务。您可以选择高速游艇或水上飞机前往，在有人居住的岛屿间旅行还可以选择各种渡船服务。

12.免税商店

在马累国际机场的离境大厅有免税商店，许多著名的国际品牌都有专店。这些产品包括纪念品、香水、电子产品、玩具、手表、时尚饰品、珠宝、酒类、烟草、糖果等。

13.机场的咨询和协助

马尔代夫旅游推广委员会（MTPB）在抵达大厅设有一个柜台，为游客提供信息和帮助。该柜台还有以不同语言撰写的各种免费宣传册。

水上飞机

旅游资讯

🚆 交通

1.外部交通

目前北京、上海、广州、成
都都有直飞马累的航班，也可以
选择新加坡、吉隆坡或科伦坡转
机到马尔代夫。马尔代夫有两个
国际机场，分别为马累国际机场
和甘岛国际机场，如果游客选择

出租车

的是中、北部的环礁度假村，建议选择马累国际机场着陆；如果选择
的是南端的环礁度假村，建议选择在甘岛国际机场着陆会比较近。

2.内部交通

马尔代夫内部的主要交通工具是船、快艇和水上飞机。游客抵达
机场后，旅游岛屿的工作人员就会派船只、直升机或飞机接送游客到
选择的度假旅馆。

（1）船　　马尔代夫的主要交通工具，它的价格是按距离计算的，
游客可以先上船后买票。当地制造的多尼船(Dhonis)是马尔代夫最常
见的海上交通工具。

（2）快艇　　主要用于各度假村、岛屿间接送游客的交通工具，它
的速度非常快，那种极速的刺激感，本身就是一种有趣的历险。

（3）水上飞机　　马尔代夫由多个珊瑚岛组成，部分岛屿配备有水
上飞机，它主要是负责机场到较远岛屿的接送。水上飞机可在岛屿之
间随时起降，一般一架可乘16人，按距离进行收费。由于水上飞机飞
行高度不是很高，坐在飞机上可以看到水下晶莹闪烁的珊瑚礁群。

（4）出租车　　首都马累是马尔代夫唯一能开汽车的地方，街道上
车辆不是很多，所以不会有堵车的情况。马累的出租车招手即停，区
分出租车只要看车牌就行，因为马累的出租车牌都是黄牌。的士24小
时服务，游客可以电话预订。上的士之前记得先问清楚价钱。

3.马累交通

马累市区很小，前往马累的任何地方都可以在十几分钟内步行走到。
在市区出行，除了步行，还有摩托车和出租车也是主要的交通工具。

岛上有各色美味佳肴

 饮食

　　马尔代夫是海岛国，盛产鱼、虾、蟹，他们的饮食习惯离不开海，餐餐与鱼为伴，主要的食物是海产品。又因为马尔代夫是穆斯林国家，禁食猪肉，他们常吃的肉类是家禽和羊肉。地道的马尔代夫菜肴是带有刺激性芳香调味品的鱼、肉、蔬菜、米饭以及红薯、芋等淀粉食物，面包果、椰子、菠萝等热带水果则终年不断。

　　游客到了岛上，多数只能吃西餐，餐食除了具有地方特色的美食外，还有意大利比萨（Pizza）、法式牛排、日式生鱼片等，但很少会有中餐。就餐的方式通常分为三种：一种只包早餐（Bed-Breakfrast，简写BB）；一种是半包餐（Half-Board，简写HB），提供早餐、午餐或晚餐（午、晚餐任选其一）；还有一种是包全餐（Full-Board，简写FB），即供应每日三餐。用餐地点一般在酒店的主餐厅，以自助餐为主。一些高档的度假村、海岛可以提供点餐。当地较出名的菜肴是炸鱼球、金枪鱼、辣鱼糕以及有着悠久历史的本土料理"咖尔迪亚"等。因为当地人完全不沾酒，所以度假旅馆只提供游客不含酒精的饮品。首都马累有允许设立不含酒精饮品的酒吧，这些酒吧都设在旅馆内。"马尔代夫淑女"（the Maldive Lady）是当地一种浓烈、香醇的调制鸡尾酒，在每个度假村的酒吧调制这种鸡尾酒的方法各有不同。到访

旅游资讯

马尔代夫，建议品尝一下这种独到的鸡尾酒。另外，几乎所有的岛屿都安排有沙滩晚餐项目，为游客创造浪漫的氛围。菜、汤和甜品要事先准备，主菜则是烧烤，需要支付一定的服务费。

丰盛的美食

很多人认为去马尔代夫都要吃海鲜，但是马尔代夫酒店的烹饪技术有限，龙虾的做法大多是烤的，调料味很浓，并没有国内普通饭店做的精致。

购物

马累是马尔代夫的购物中心，几乎所有的商店都集中在马累，商店一般都在早上9点或10点开门（便利店除外），晚上11点关门。马吉迪大街是马累主要的购物街，也是全市最长的街道，昌达乃大街是选择经验品和当地手工制品、轻便潜水设备以及冲浪设备和旅游手册的地方。在马累还有两个出名的市场，一个是售卖当地农副产品的"本地市场"，另一个是卖鱼的"鱼市"。

（1）本地市场　位于马累北部的海滩路，聚集了来自马尔代夫各个岛屿的农副产品。该市场深受本地人和外国人的喜爱，主要是因为在这里可以买到便宜而又新鲜的当地水果和蔬菜。

（2）鱼市　在共和国广场西侧海滩沿线，距本地市场有两条街区之远。想体察当地人的生活就应去马累鱼市看看，那里是全国各岛屿捕获渔产的拍卖集散地。逛鱼市最好的时间是傍晚，那会是渔夫收工的时候，带来的渔产也是最鲜活的。

（3）马尔代夫特色纪念品　工艺品有木雕的鱼、椰壳做的船、艳丽的手绘画以及各式贝壳等。马尔代夫的邮票十分漂亮，喜爱集邮的游客，不妨选购几款以作留念。马尔代夫严禁出口珊瑚，购买贝壳要去政府认可的商店里购买，讲价幅度一般很少。

度假村、船宿

在马尔代夫度假，游客可选择度假村或是船宿。根据自己的预算可选择一半的时间在度假村，或是选择一半的时间在船只上。

马尔代夫的度假村其实没有星级之分，所谓的星级只是一个消费概念，它并不代表房价或是度假村的品质，影响度假村价格标准的主要有岛的大小、设施的完善度、绿化档次、沙子的质量、自然空间和容纳度的高低等。不管度假村建设得很奢华还是很简朴，它们拥有的自然环境大多是差不多的。游客在选择入住的时候最好根据自然空间、设施配备、游玩项目以及总预算几个方面来考虑，而不是单一地从星级标准中进行比较和选择。对于潜水要求高的人而言，可选择北部的环礁，那里的水纯洁度比南部的高。度假村一天的住宿时间从14点到次日12点进行结算，如果住宿时间较长的话，一定要记得询问各项优惠政策。适逢蜜月，可以主动告知度假村，这样可能会得到一些意外的惊喜。值得注意的是，不是所有的度假村都适合带儿童，水上屋因为能直接下水，通常不允许12岁以下的儿童入住，2岁以内的儿童虽不占床但是也要加少量的费用。

船宿像漂浮在水面的家庭旅馆，船上氛围舒适而闲散，对于游客而言这也算是一种不错的选择和体验。马尔代夫有不少度假村提供这样的船宿服务，根据设施配备和游船活动项目的不同，船宿费用也各有不同，游艇上一般都有冲浪或潜水的套餐。游客可通过旅游经营机构或是船宿经营方直接预订。

度假村

⭐ 独特的旅游体验

1. 臻享浪漫蜜月之旅

如果蜜月意味着在一个幽隐、私密，且最美丽的环境中欢庆爱意，那么马尔代夫就是臻享这场浪漫蜜月的最佳诠释。美丽的马尔代夫有无数多个适合浪漫情侣选择婚庆蜜月的岛屿，更有无数种方法可以魅惑住来此度假的任何一对新婚伴侣。

勇敢地选择前往无人居住的小岛度过真正的两人世界；慵懒地栖息于您的私人别墅或棚屋里注视着无穷无尽的碧绿青海，一边欣赏海岛美景一边进行一次矿泉护理按摩，或带上面具和脚蹼在人工礁岸边游泳和潜水；或纵情地享受一场海钓旅行，参与一场轻松愉快的比赛，看看谁的捕获最多，或在落日余晖下戏耍于沙滩上，或在繁星下准备一场烛光晚餐，这是一种返家之后还会回味良久的蜜月经历。

不少度假村都为客人提供了量身订制婚礼的服务，在预订酒店的同时可以提前两周预订婚礼套餐。

2. 闲情水泉疗养

马尔代夫是水泉疗养的极乐世界，这种让身心陶醉的高品质疗养法是一种怡然自得的风情，也是马尔代夫旅游不容错过的休闲项目。

马尔代夫每一个度假村都有水泉疗养中心，这些水疗中心通常隐蔽在绿色植被的环境中，或是远离喧嚣的静谧海滩。传统的水疗方法，被马尔代夫的理疗专家们作为家族秘密代代相传。水泉疗养按摩精油是使用古老的萃取技术提取出来的马尔代夫初榨椰子油，这种精油以其亲水性和有益健康的元素而著称，还有当地人常用的一种叶子也被混合用来治疗身体上的小病痛，但各个疗养中心的治疗类型各有不同。

旅游资讯

深潜

3. 感受潜水妙趣

　　潜水是具有刺激性、冒险性、乐趣性的水上运动。马尔代夫是全球三大潜水胜地之一，在这里潜水爱好者们触摸海底世界的梦想可以成真。这里拥有平静的海面和湛蓝的天空，所有潜水运动所需的天然和人工条件应有尽有，如沙滩海岸、温暖的海水（水上平均温度为20℃～30℃）、美丽的珊瑚礁及丰富多彩的水下景观。游客到马尔代夫若不潜水，如同到北京不登长城，将是终生遗憾，枉来一趟。

　　马尔代夫的潜水管理严格。根据每个岛的大小，都备有相应的潜水设备和专用船只，并凭潜水证书提供服务。只有持证才可以参加一系列的潜水活动，包括夜间潜游、生态潜游、沉船潜游、水下拍照和摄像等。

　　马尔代夫共有100多处潜水地点，处处有水下盛景。在过去的20多年间，许多地方都已名声在外，颇受欢迎，成为旅游者向往的地方。其中许多都在马累附近，交通便捷。

　　马尔代夫的海域之壮美、各旅游度假岛的潜水装备之优良、各潜

贴士

潜水应避险，谨防"深海狂放症"。这是在海洋深处引起血液中含氮量增多而引发的恐慌和混乱。每年有人因此命丧深海。警惕洋流和毒虫。有时会有强大的洋流使您与同伴失散，出现意外。有时会偶遇带有毒刺的海胆和海星，或碰到有伤害性的蝎子鱼、石鱼、狮子鱼等，定要保持距离，以防受害。保证安全的根本办法是遵守规定，接受潜水教练的指导。

水中心教练的业务之精湛，使其成为对全世界水上运动者最具吸引力的潜水目的地之一。深潜要有PADI（合格证书），它是专业潜水教练协会的英文缩写。初涉深潜者须经12—18课时的专业培训和考核才能拿到。除授潜水课程外，潜水中心同时提供租借潜水器材的服务，既有全副装备的水肺潜水用品，也有为一般的游客享受浮潜乐趣准备的相应器具。

（1）潜水妙趣之一：亲近鱼类 马尔代夫四周的海洋是热带鱼的故乡，种类齐全，数目繁多，不下1000种。

（2）潜水妙趣之二：喂食鲨鱼 这一惊险玩点可以亲历鲨鱼的凶猛与野性。随着生态意识的增强，为使马尔代夫继续保持"不受任何人为干扰和破坏的自然净土"，马尔代夫政府已经取消了"鲨鱼马戏团"。

（3）潜水妙趣之三：欣赏珊瑚马尔代夫拥有全世界最丰富的珊瑚礁资源，单是硬质的珊瑚就有200多种，奇形怪状充满无穷魅力，如溶洞形、扇形、柱形、峡谷形和巨石形等，不一而足。这些珊瑚礁形成了色泽艳丽的万花筒。

（4）潜水妙趣之四：感受光变 随光线、水深及折射度大小，水中万物的真虚、大小、明暗及整个景色都发生着奇妙的变化。观察色差：水下5米，红色变黑色。10米以下，黄色变成黑色。水下20米，黄色消失。最后消失的颜色是蓝色。随着体位所处的深度，观察水色的变化，实在妙不可言。

（5）潜水妙趣之五：体验能见度 海里的能见度直接受季节、深浅和潮期的影响。水下能见度最好之时是3—4月，可达 40—70米。每年4月起，浮游生物增多，水下能见度降到20米左右。

（6）潜水妙趣之六：观赏发光鱼 夜晚潜水可能会发现闪着绿光的发光鱼儿，从隐蔽处鱼贯而出，越聚越多，片刻成群，犹如烛光晚

旅游资讯

会，甚为有趣。看到这斑斓而丰富的海底生命，您就更感马尔代夫"潜水天堂"的美名不虚。

(7) 深潜：潜到几十米深的水下欣赏海底世界，可以使您全方位观察到色彩缤纷的水下景观，直接地、第一性地欣赏到保存最完好的海底宝藏的奇妙。各形各色的珊瑚，鲜艳夺目、五光十色的水生植物，形态各异的海床地势，千姿百态的爬行生物，色彩千种、体貌万状的热带鱼，万紫千红、千奇百怪的海底万象，让您置于神话般的境界，使您终生难忘。

(8) 浮潜：被人们形容成在镜子里游泳。的确，马尔代夫的海水清澈如镜、青翠透明，绵延的珊瑚环礁与神话梦境般的蓝色礁湖把从尘嚣里来的人们洗涤得个个神清气爽。浮潜是一种不需要携带氧气筒的潜水，而只是需要蛙镜、呼吸管、蛙鞋或海滩鞋，以及救生衣。您下到及腰的水深即能充分享受浮潜的乐趣。群群翔游舞动、光彩夺目的鱼儿就围在身边，活泼可爱地与您尽情共舞。早晨，可窥视水中美丽的"浮游群落"，有时还能见到小鲨鱼和魔鬼鱼。浮潜的初学者须经三课时的基础培训，最起码的技能是：自由泳200米、水下潜泳12米、踩水5分钟以上、水上轻松漂浮5分钟以上、潜下水3米深能拾起2公斤物体返回海面。

（刘一斌）

深潜看鱼

4. 环岛风情村落游

　　马尔代夫风情万状的渔村，是环岛游的一大亮点，是了解马尔代夫不可或缺的一课。全国各岛风格不同，景象各异，有的有些现代气息，有的颇具原始风貌，一般一个岛徒步半小时即可逛完。有些"迷你"岛，站在岛的一端即可看到尽头。小岛的中央一般是青翠的绿色植被，四周是闪亮的白色沙滩，岛边的海面是浅浅的透明蓝色水域，越往大海深处，水的蓝色也就越来越深。这种渐变色彩的海水，色泽澄丽，层次丰富。岛礁不同，景色不一，形成一岛一景的有趣现象。不管你步入哪座岛，都令你沉醉、忘情、欣喜、目

不暇接与心旷神怡。

　　拜访当地土著村落，用心寻访马尔代夫的岛民，是采风问俗的调研游所不容错过的项目。岛上尽是一幢一幢灰白相间的石屋。村里的民居大都是同样的建筑风格，在阳光的照耀下，珊瑚礁石做成的墙泛着特有的白色光泽，房前屋后高大的椰子树随风挥舞着叶臂，一切都显得安静闲适。你可自由穿梭在恬静的民房巷弄间，与悠闲自得的岛民招呼、攀谈。

　　马尔代夫的自然村有数百之多，在200个有人定居的岛中，绝大

部分都是这种岛。那些大大小小的岛，是马尔代夫人祖祖辈辈居住的地方，岛上保留着很多土著人的土风土俗。在众多岛屿中，最有特色的当属位于马累西南方阿里环礁南端的马米吉利岛，这里有典型的马尔代夫渔村风貌。正午时分，高大的椰子树挡住了赤道炽烈的阳光，阵阵海风吹来，岛上并不觉得酷热，人们在树下毫无时间观念地休酣、闲侃，慵懒地喝着椰汁、吃着香蕉。这是大自然的恩赐，使他们"不劳而获"，"坐享其成"。而且，大自然是公允的，给任何人的机会都是均等的，赏赐是均衡的，使它们之间永远不会产生差异和矛盾，形成了牢固的和谐社会。这时，你会不由自主地在脑海里闪出一个概念："越是原始的，越是公平的。"这种零距离的接触，使你饱览村落风光、领略当地民情、感受土风之美和传统风韵。

渔村在晨曦的早祷声中苏醒。渔人在祷告后开始忙碌的一天，趁日出前驾着多尼船缓缓地划入宁静清澈的环礁海面，在岛屿附近的珊瑚礁中收集捕捉当天出海备用的鱼饵。

村妇准备好早餐，打扫庭院，催促孩子上学。小学一岛一所，一般坐落在岛心。不同年级的学生同在一室，席地相背而坐，老师轮番授课。男童一般穿白制服，与其黝黑消瘦的脸颊形成强烈的对比。女孩往往头上围戴着红布格方巾，有着线条分明的面部轮廓，长着一双深邃的黑眼珠。学校采用双语教学，既学迪维希文，也学英语。

村落中有编织工匠，采摘椰子树叶编织日常用品或手工艺品。当有观光客来到，沿街"One Dollar"（一元）之声不绝于耳。他们卖的都是些多尼船模型和印染沙龙布围裙，或就地攀摘下来的鲜椰子。

日落黄昏，渔船归航。渔船满载大批鱼蟹回港。假如捕鱼超越千条，返航时船首将张挂出飘扬的旗帜。年轻的渔夫单脚掌舵，操控船向，徐徐进港。捕获的鱼虾龟蟹半数归船主所有，半数由渔夫们均分。大尾鱼在沙滩边就地清洗、切割平均分配后，各自带返家中供晚餐烹炖烧烤。

夜晚渔夫们聚拢在船长家的庭院中，坐卧自如地在Jolis（绳编网状躺椅）上，天南地北地神侃闲聊。妇女将晚餐备妥，趁着片刻空闲，与邻居婆妈姑嫂们怡然自得地吸着水烟（Gudugudaa）。孩童放学后踢着足球或玩游戏，或跃入海中游泳嬉戏。部分人聚在拥有卫星电视的家中欣赏电视节目，或无事绕着村落散步。整个村子是那么宁静安谧、闲适舒淡、亲和祥瑞、氛围谐和。这里远离世尘、远离利欲、远离争斗、远离残害，是"人之初，性本善"与"和为贵"的示范村，是真正的"世外桃源"。只有在这里，人的灵魂才能得到安宁。

村民对游客，特别友善，热情迎送，问候不断。简短的接触，就会显现出美丽的灵魂。不懂当地语言无妨，你可以从他们口中进出的支离英语单词和双手灵巧翻飞的肢体语言中，明白他们的意思，进行思想的沟通和交流。因为，人类的天性是相通的。孩子们则对客人满睁着水汪汪的大眼睛，用充满新奇与亲昵的目光一眨不眨地看着。他们那天真无邪、可亲可爱的神情与动作，让你感悟到人类的善是天生的。

（刘一斌）

5. 乘风破浪的冲浪运动

马尔代夫是来自全世界冲浪爱好者的麦加，每年，特别是6—9月，西南季风带来巨大的浪峰，浪峰高达1—3米，是冲浪的最佳时期。

马累北环礁的"帕斯塔点""霍金斯""苏丹斯""吉尔布雷克"，阿杜环礁的"香格里拉""祖拜尔斯""科泰"，以及苏瓦迪瓦渡环礁的"老虎斑""情人符"等地是马尔代夫著名的冲浪佳境，临近这些地点的度假村是冲浪狂热者的完美天堂。在这里，您可以乘风破浪，获得十足的冲浪体验。如果游客只想待在度假村就能体验冲浪，那么"梦幻岛度假村"和"白金岛度假村"等度假村则是理想的选择地。

冲浪

6. 感受海钓的乐趣

钓鱼是深植于马尔代夫人血液中的东西，它与马尔代夫人的生活盘根错节，以至于每次钓到大鱼便会有庆祝。若要体会垂钓和烹调您自己捕获成果的满足感，一次礁石间的海钓旅行是很好的选择。

几乎所有的度假村都提供这样的海钓项目，坐上渔船行驶出海岸，在礁石附近寻找好适合海钓的地方，就可以开始这场有趣的海钓活动了。船员们会热情地示范如何使用钓线、吊钩和下坠球，马尔代

石斑鱼

夫盛产大石斑鱼，无论有无垂钓经验的人都能轻易地钓起大鱼来，不出一小时就能捕获到放满烧烤架的鱼儿。

马尔代夫拥有1000多个岛屿，而只有数百个被加以利用，要找一个无人居住的岛屿进行烤制，大快朵颐地庆祝一番非常容易。当捕获的鱼在炭火上烤制成琥珀色、香味四溢时，看看那些柔软的沙砾，点点磷光在海滨之畔被波涛清洗而散，此景此境就像在星辰间浮游一般，别有一番风趣。

放鱼饵

旅游资讯

7. 水上飞机之旅

来马尔代夫旅游，很多人都喜欢选择乘坐水上飞机鸟瞰全景。当飞机飞达高空，其飞行高度刚好能把马尔代夫尽收眼底。从机舱口观览碧蓝的海面，映入眼帘的那种美好直冲心底，震撼心灵的视觉冲击力绝对会让您兴奋不已。眼前的这个世界，只有碧蓝的海水、别有风味的水屋、热带植被覆盖的海岛和白色的珍珠沙砾，这些星罗棋布的海岛就像镶嵌在印度洋上的串串翡翠，美得直入灵魂。马尔代夫为什么会有那么多动人的美称或华丽桂冠，恐怕尝试一次就能明白真正的意义。

水上飞机

马尔代夫有很多提供水上飞机的岛屿，"全马尔代夫航空公司"和"马尔代夫空中出租公司"两种航空公司，游客可任选其中一家。个别度假村会应游客要求，组织团体飞行或是私人飞行，喜欢摄影的爱好者还可以选择预订摄影飞行服务。

8. 出海观看海豚

来到马尔代夫，出海观看海豚也是一种别具风趣的旅游体验。它是一种选择性消费项目，不同的度假村费用略有不同。度假村一般在落日之后安排出海，据说出海看海豚一星期至少有五天可以看得到。

夕阳下，当乘船慢慢靠近深海区，就会出现一只海豚在船边游耍，它们甚至成群结队地为游船导航，随着第一只海豚飞跃出海面，便会有更多的海豚纷纷跳跃出水面，它们以娇俏可爱的姿态为游人跳跃出美丽的曲线，人们可以最近距离地欣赏它们，亲近它们。

旅游须知

"入乡随俗"，踏上别国的领土，就必须遵守人家的法令、尊重人家的风俗习惯。

1. 国家禁忌

马尔代夫政府制定有严格的法律规定，精心维护环境，不准近海捕鱼，不准水下采择珊瑚和贝壳等，不准随便生火，不准在旅馆或公众场所打闹喧嚣、不准乱丢垃圾和随地吸烟、吐痰。凡是破坏生态和有损环境清洁安静的行为，一律禁止。马尔代夫人环保意识很强，主动提醒、告诫游客避免违规行为。游客应自觉遵规守法、虚心接受劝导。购买海物制品，应去获准的正规商店，切勿从非法游商手里购买，以免受到重罚或出境不便。

马尔代夫是伊斯兰教国家，除了行政法规外，还同时实行伊斯兰教法。人们的风俗习惯多是来源于伊斯兰教的教规教法。尊重当地习俗也意味着尊重其宗教法规。戒酒、戒猪肉是伊斯兰教的通则，在马尔代夫更为严格。在公共场合裸露身体是违法的。在旅游岛、度假村穿泳裤、三点式泳装或其他沙滩服均可，但到居民岛、特别是偏僻的渔村小岛，切记要衣着整齐。男士可穿短裤和衬衫，女士衣着须盖过身体和腿部，切勿穿比基尼泳装。因为这与当地教俗相悖。传统上，马尔代夫人以手用餐，如您不想入乡随俗，可用汤匙、刀叉等餐具，切勿用左手触摸食物，否则会被视为不洁和失礼。

2. 交往礼仪

在社会交往中，当地妇女一般不会主动握手，这也与宗教习惯有关，不必介意，以额手致意或点头、招手均可。清真寺可以自由参观，但必须遵守规矩。穿着切忌不屑，男人至少不能露肩、光腿，女人则不能露膝、露臂。进门脱鞋，不能大声喧哗、妄加议论，更不能有亵渎神灵的不逊言辞。遇有教众祈祷或阿訇诵经，要保持静谧和神圣的氛围。拍照要征得同意，否则招惹不快。

马尔代夫人朴实憨厚、诚恳爽直、热情友好、乐于交往，时有将客人请到家、以最好的食物招待一番的情形。对此应落落大方，客随主便，示之以礼，坦诚交流。接触中，可以围绕其国家和民族提问题，他们也乐于回答，但应尽量注意不要涉及敏感问题。如有他们迟

旅游资讯

疑不决或避而不答的话题，不要追问，他们不喜欢别人刨根问底。马尔代夫人一日祈祷五次，不要在其祈祷时相扰。注意不要用左手握手、赠礼、递物，特别忌讳用左手拿食物给对方。马尔代夫人是乐善好施的民族，施舍是普遍现象，相悖的表现会令人不齿。

马尔代夫人日常用伊斯兰语（Assalaam Alaikum）问候朋友和陌路人。这是一句古老的问候语。它蕴含着马尔代夫的伊斯兰文化和人们对于和平的热切期盼。得到对方问候时，应友好回应为宜。

3. 使馆联络方式

中国驻马尔代夫大使馆是我国在当地的最高外交代表机构，负有保护在马中国人的合法权益的职责和提供必要服务的义务。中国公民在马遇有生命财产安全威胁或政治上和法律上的疑难问题，以及其他无法克服的困难，可以请求大使馆帮助。

◆中国驻马尔代夫大使：余洪耀

地址：6B，Canary Lodge，Majeedhee Magu，Malé，Maldives

电话：00960-3307825

◆马尔代夫驻华大使：拉希德（中文名莫芮德）

地址：朝阳区建外秀水街1号建外外交公寓1-5-31

电话：010-85323847 010-85323454

传真：85323746

（刘一斌）

©《中国公民出游宝典》编委会 2014
所有权利(含信息网络传播权)保留，未经许可，不得以任何方式使用。

图书在版编目（CIP）数据

马尔代夫 /《中国公民出游宝典》编委会编著. — 北京：
测绘出版社，2014.1
（中国公民出游宝典）
ISBN 978-7-5030-3196-0

Ⅰ.①马… Ⅱ.①中… Ⅲ.①旅游指南 – 马尔代夫 Ⅳ.
①K935.99

中国版本图书馆CIP数据核字(2013)第207243号

人文地理作者：刘一斌

总 策 划：赵　强
责任编辑：黄　波
地图编辑：黄　波
责任印制：陈　超
装帧设计：锋尚设计

出版发行 测绘出版社	**电　话**	010-83543956（发行部）
地　址 北京市西城区三里河路50号		010-68531609（门市部）
邮政编码 100045		010-68531363（编辑部）
电子信箱 smp@sinomaps.com	**网　址**	www.chinasmp.com
印　刷 北京新华印刷有限公司	**经　销**	各地新华书店
成品规格 125mm×210mm	**印　张**	6.5
字　数 109千字	**版　次**	2014年1月第1版
印　次 2014年1月第1次印刷	**定　价**	36.00元
书　号 ISBN 978-7-5030-3196-0/K·379		
审 图 号：GS（2013）1916号		

本书如有印装质量问题，请与我社门市部联系调换。